Ullstein Krimi

Ullstein Krimi
Ullstein Buch Nr. 10199
im Verlag Ullstein GmbH,
Frankfurt/M – Berlin – Wien
Übersetzt von Brigitte Walitzek

Umschlagentwurf: Atelier
Noth + Hauer, Berlin

Printed in Germany 1983
Gesamtherstellung:
Ebner Ulm
ISBN 3 548 10199 2

April 1983

CIP-Kurztitelaufnahme
der Deutschen Bibliothek

Alfred Hitchcocks Kriminalmagazin. –
Frankfurt/M; Berlin; Wien: Ullstein
Einheitssacht.: Alfred Hitchcock's
mystery magazine ‹dt.›

NE: Hitchcock, Alfred [Hrsg.]; EST

Bd. 146. Zehn Kriminalstories
mit Pfiff und Pointe / hrsg. von Walter
Spiegl. [Übers. von Brigitte Walitzek]. –
1983.
(Ullstein-Buch; Nr. 10199:
Ullstein-Krimi)
ISBN 3-548-10199-2
NE: Spiegl, Walter [Hrsg.]; GT

In der Reihe
Ullstein Bücher
Alfred Hitchcocks
Kriminalmagazine

Band 100 (1925)
Band 102 (1943)
Band 103 (1949)
Band 104 (1955)
Band 105 (1961)
Band 106 (1973)
Band 108 (1985)
Band 109 (1991)
Band 110 (10006)
Band 111 (10018)
Band 113 (10035)
Band 114 (10039)
Band 115 (10043)
Band 116 (10051)
Band 117 (10055)
Band 118 (10059)
Band 135 (10156)
Band 136 (10160)
Band 137 (10164)
Band 138 (10168)
Band 139 (10172)
Band 140 (10176)
Band 141 (10180)
Band 142 (10184)
Band 143 (10188)
Band 144 (10191)

ALFRED HITCHCOCKS KRIMINALMAGAZIN

BAND 146

ZEHN KRIMINALSTORIES
MIT PFIFF UND POINTE

Herausgegeben
von Walter Spiegl

Ullstein Krimi

Inhalt

Richard Deming

Trennung für immer

Ich hatte Spätschicht, von vier Uhr nachmittags bis Mitternacht, als der Anruf aus Carondelet kam, einem Vorort südlich von St. Louis.

Ich vermerkte, daß der Anruf um genau achtzehn Uhr zwei eingegangen war, aber es war schon halb sieben, als ich endlich am Tatort ankam, denn Carondelet ist mindestens fünfzehn Kilometer vom Sitz der Mordkommission entfernt.

Ich hielt vor dem zweistöckigen Haus an, das mindestens fünfzig Jahre alt war, aber noch in ausgezeichnetem Zustand. Davor parkten bereits ein Streifenwagen, ein schwarzer Sedan mit dem Zeichen des Arztes, und außerdem hatte sich bereits eine ganze Anzahl Schaulustiger versammelt.

Harry Dodge, der vor einem Vierteljahrhundert mit mir zusammen auf der Polizeischule gewesen war, öffnete die Tür. Ich hatte ganz vergessen, daß Harry inzwischen in Carondelet arbeitete. Er war immer noch einfacher Polizist, immer noch in Uniform, nur war die Uniform inzwischen beträchtlich größer als die, die er damals getragen hatte.

»Hallo, Sod«, sagte er erfreut, als ich an ihm vorbeiging, und piekste mir den Finger in den Bauch. »Du hast aber ganz schön zugenommen, alter Freund.«

»Wer im Glashaus sitzt, soll nicht mit Steinen werfen«, brummelte ich ihn an.

Ein schlanker Mann mit ledriger Haut, der eine braune Jacke trug, und eine füllige Frau in einem Hauskleid saßen im Wohnzimmer. Der Mann war etwa fünfzig Jahre alt, die Frau vielleicht zehn Jahre jünger. Nachdem er die Tür hinter mir geschlossen hatte, stellte Harry mir sie als Henry Crowder und seine Frau Emma vor und fügte hinzu, daß Mrs. Crowder die Leiche entdeckt habe.

Ich begrüßte beide und bat sie zu warten, bis ich Zeit für sie hätte. Dann fragte ich Harry: »Wo ist es?«

»In der Küche.«

Er führte mich durch den Flur, wo wir einen hochgewachsenen Mann mit angegrautem Haar trafen, der gerade aus der Küche kam. Er hatte eine Arzttasche in der Hand.

Harry blieb stehen und sagte: »Sod, das ist Dr. Lischer, der Hausarzt des Opfers. Mrs. Crowder hat ihn angerufen, als sie die Leiche entdeckte. Nachdem sie ihm erzählt hatte, was vorgefallen war, rief er im Revier an, bevor er zum Haus fuhr.« Zum Arzt sagte er: »Das ist Sergeant Sod Harris von der Mordkommission.«

Dr. Lischer wechselte die Arzttasche von der rechten in die linke Hand und schüttelte mir die Hand. »Sehr erfreut, Sergeant«, sagte er. »Eine schreckliche Sache. Sie war erst achtundzwanzig.«

»Es ist immer schrecklich«, sagte ich. »Macht es Ihnen etwas aus, noch ein paar Minuten zu warten, bis ich mir die Leiche angesehen habe?«

»Nein, natürlich nicht.«

Er ging ins Wohnzimmer weiter. Harry und ich in die Küche. In der Küche befand sich noch ein uniformierter Polizist, der gegen die Hintertür gelehnt stand. Er war etwa Mitte Zwanzig und kam mir irgendwie bekannt vor.

Die Leiche lag auf dem Boden. Es handelte sich um eine recht attraktive blonde Frau. Sie war schlank und hatte eine gute Figur. Sie trug einen leichten Übergangsmantel, der aufgeknöpft war, ein Straßenkleid, keinen Hut und einen Ausdruck der Überraschung. Sie lag mitten in der Küche flach auf dem Rücken. Zwischen ihren Brüsten ragte der Griff eines Messers hervor. Links neben der Leiche lag eine offene Handtasche, deren Inhalt herausgefallen war. Rechts von ihr ein altmodischer, eiserner Schlüssel. Es schien klar zu sein, daß sie erstochen worden war, kurz nachdem sie die Küche durch die Hintertür betreten hatte, wohl gerade, als sie den Schlüssel wieder in ihrer Handtasche verstauen wollte.

Der junge Polizist sagte: »Guten Tag, Sergeant.«

»Hallo«, sagte ich. »Ich kenne Sie zwar, aber ich weiß nicht, wo ich Sie hinstecken soll.«

»Carl Budd. Sie hatten den ersten Mordfall für mich. Damals war ich noch ganz neu bei der Polizei. Wissen Sie, der Donnerstagsmörder.«

»Ach ja, der Typ, der seinen Opfern Geburtstagstelegramme schickte, bevor er sie umbrachte.«

Als ich mich umsah, fiel mein Blick auf einen Halter an der Wand über dem Herd, in dem mehrere Messer mit schwarzen

Holzgriffen steckten, genau wie das, mit dem die Frau umgebracht worden war. Die Messer waren verschieden groß, angefangen von einem kleinen Küchenmesser bis zu einem Tranchiermesser mit zwanzig Zentimeter langer Klinge. Eine Halterung war leer, und sie sah genauso aus, als gehöre dorthin das Fleischmesser aus der Brust des Opfers.

Harry sah meinen Blick und sagte: »Das haben wir uns auch schon gedacht. Der Mörder hat das Messer aus dem Halter gerissen, als sie nach Hause kam. Sehr praktisch für ihn.«

Brummelnd ließ ich meinen Blick wieder zu der toten Frau wandern. »Wie hieß sie eigentlich?«

»Joan Turnbell. Mrs. Joan Turnbell, aber ihr Mann wohnt nicht mehr hier. Wie Mrs. Crowder sagt, lebten sie seit etwa vier Monaten getrennt, der Mann ist ausgezogen. Mrs. Crowder konnte uns auch die Todeszeit ziemlich genau nennen. Es muß fast genau um halb sechs passiert sein.« Mit einem Blick auf die Wanduhr fügte er hinzu: »Also vor einer Stunde und fünf Minuten.«

»Und woher weiß sie das so genau?« fragte ich.

»Sie hat Mrs. Turnbell nach Hause kommen hören und die Leiche dann ein paar Minuten später entdeckt.«

Obwohl mir das nicht sonderlich klar vorkam, beschloß ich, Mrs. Crowder selbst nach den Einzelheiten zu befragen. Später. »Weiß sie, wer es getan hat?« fragte ich.

Harry schüttelte den Kopf. »Scheint ein Einbrecher gewesen zu sein, der den Kopf verlor, als sie auftauchte. In den anderen Zimmern sind ein paar Schubladen herausgerissen. Ich vermute, daß niemand ihn gesehen hat, weil er sich durch die Hintertür davonmachte. Sehen Sie mal aus dem Fenster. Der Hof ist von einem hohen Zaun umgeben, der ihn vor den Blicken der Nachbarn schützte. Auf jeden Fall hat niemand ihn gesehen.«

»Oh, haben Sie schon alle Leute befragt, die in der Straße wohnen?«

Er errötete leicht. »Nun, nicht direkt. Aber es hat sich niemand gemeldet, der ihn gesehen hat.«

Das war der Grund, weshalb Harry Dodge nach fünfundzwanzig Jahren immer noch einfacher Polizist war. Wenn er gerade erst angefangen hätte, hätte ich ihn mit beißenden Kommentaren überhäuft darüber, wie man eine Voruntersuchung korrekt durchführt, aber bei einem Veteranen, der schon fünfundzwanzig Dienstjahre auf dem Buckel hat, kann man das eben nicht machen, auch wenn er es verdient hätte.

So freundlich wie nur möglich, sagte ich: »Befragen Sie mal lieber alle Leute, ob jemand etwas gesehen hat, bevor die Menge da draußen sich wieder zerstreut. Vielleicht klingeln Sie auch mal an allen benachbarten Häusern auf beiden Straßenseiten, nur für den Fall, daß die Nachbarn schon wieder reingegangen sind.«

»Okay«, sagte er freundlich und ging zur Vordertür des Hauses.

Ich ging ans Küchenfenster und spähte hinaus in den Hof. Es war Mitte März, die Sonne ging um diese Zeit so gegen sechs Uhr unter, und es fing allmählich an, dunkel zu werden. Aber es war immer noch hell genug, um zu sehen, daß der Hof von einem etwa zwei Meter hohen Bretterzaun umgeben war. Am entfernten Ende des Hofes, etwa fünfzig Meter weit weg, befand sich die Garage, die man von der schmalen Gasse her erreichen konnte. Direkt neben der Garage war ein Tor in den Zaun eingelassen, das ebenfalls auf die Gasse führte.

Ich drückte die Hintertür auf, die unverschlossen war, und betrat die hintere Veranda. Von dort aus konnte ich über den Zaun hinweg die Veranden der Nachbarhäuser sehen, was bedeutete, daß jeder, der sich zu dem Zeitpunkt, an dem der Mörder das Haus verließ, auf seiner hinteren Veranda befunden hatte, ihn gesehen haben konnte oder mußte. Von meinem Platz aus konnte ich ebenfalls die hinteren Veranden der Häuser sehen, die an der Parallelstraße standen und deren Hinterfronten ebenfalls auf die schmale Gasse gingen.

Ich ging die Stufen der Veranda hinunter und über einen zementierten Pfad zur Garage. Die Tür, die vom Hof in die Garage führte, war unverschlossen. In der Garage stand ein roter, zweisitziger Sportwagen. Der Kühler eines Autos bleibt noch ziemlich lange warm, wenn das Auto so lange gefahren worden ist, daß der Motor richtig durchgewärmt wurde, und der Kühler des Sportwagens war noch so warm, daß er noch vor kaum mehr als einer Stunde gefahren worden sein mußte. Es schien, daß Joan Turnbell mit dem Auto nach Hause gekommen war.

Die Garagentür, die auf die Gasse ging, war eine Schiebetür, die nach oben hin aufging. Ich schob sie hoch und zog sie dann wieder zu. In beiden Richtungen machte die Tür einen höllischen Lärm, die Zugfedern kreischten, und die Tür schnappte mit einem deutlich hörbaren Knirschen ein.

Wieder in der Küche, gab ich Carl Budd die Anweisung, in den Häusern auf der anderen Seite der Gasse nachzufragen, ob sie jemanden vor ungefähr einer Stunde durch die Hintertür dieses Hauses hatten kommen oder gehen sehen.

Als der junge Polizist gegangen war, bückte ich mich und sah mir die Schuhe der toten Frau an. Sie hatten jene plumpen, italienischen Sohlen und Absätze, die in letzter Zeit so modern geworden waren, und an Spitzen und Hacken waren kleine Eisen angebracht, um das Ablaufen zu verhindern.

Ich erhob mich wieder und ging ins Wohnzimmer. Dr. Lischer hatte sich in einen Sessel gesetzt, aber als ich das Zimmer betrat, stand er unverzüglich auf und nahm die Arzttasche in die Hand, die neben seinem Sessel gestanden hatte. Offensichtlich hatte er es eiliger, als er es sich hatte anmerken lassen.

»Es tut mir leid, daß ich Sie so lange habe warten lassen, Doktor«, sagte ich. »Kann ich jetzt Ihren Bericht haben?«

»Ich fürchte, daß ich Ihnen nicht viel sagen kann, außer, daß sie tot ist. Wenn ich Mrs. Crowder richtig verstanden habe, wurde die Tat gegen siebzehn Uhr dreißig begangen. Diese Zeitangabe stimmt auch mit dem physischen Zustand der Leiche überein. Mrs. Crowder rief mich um zwanzig vor sechs an. Ich benachrichtigte die Polizei und kam so schnell ich konnte hierher. Aber ich hatte gerade einen Notfall in der Praxis, und so war es Viertel nach sechs, als ich hier ankam. Die Polizei war schon da.«

»Ich verstehe. Ich nehme an, daß Sie die Leiche nicht bewegt haben?«

»Nein, natürlich nicht. Ich habe auch Mrs. Crowder am Telefon gesagt, sie solle bloß nichts anrühren.«

Ich nickte ihm anerkennend zu. »War Mrs. Turnbell eine ständige Patientin von Ihnen?«

»Ja, wie auch Mrs. Crowder. Deshalb hat sie wohl auch mich angerufen.«

»War Mrs. Turnbell wegen eines besonderen Leidens bei Ihnen

in Behandlung?«

Er schüttelte den Kopf. »Wenn ich sage, daß sie eine ständige Patientin bei mir war, meine ich damit nur, daß ich ihr Hausarzt war. Abgesehen von einer gelegentlichen Virusinfektion war ihr Gesundheitszustand ausgezeichnet.«

»Gut, Doktor. Und vielen Dank für Ihre Mühe.«

»Nichts zu danken, Sergeant.«

Als er gegangen war, wandte ich mich den Crowders zu. »Sind Sie eigentlich unmittelbare Nachbarn? Ich meine, wohnen Sie gleich nebenan?«

Beide nickten. Der ledergesichtige Henry Crowder deutete auf das Eßzimmer. »Wir wohnen auf der Seite.«

Ich sah seine Frau an. »Sie waren es, die die Leiche entdeckt hat, Mrs. Crowder?«

»Ja«, sagte sie. »Henry war noch nicht von der Arbeit zurück. Er ist erst gekommen, als die Polizei schon da war, um mir Gesellschaft zu leisten.«

»Ich verstehe. Dann können Sie selbst also zu den Ereignissen gar nichts sagen, Mr. Crowder?«

»Nein, ich weiß nur, was Emma mir erzählt hat.«

Ich wandte mich wieder Mrs. Crowder zu und sagte: »Wie kam es eigentlich, daß Sie die Leiche so kurz nach der Tat schon fanden?«

»Ich habe auf Joan gewartet, weil ich ihr ein Muster zeigen wollte, das ich heute gekauft habe. Sie kam immer pünktlich um halb sechs nach Hause. Man konnte die Uhr nach ihr stellen. Sie arbeitete in einem Anwaltsbüro, bei Grand und Gravois, als Sekretärin. Die Anwälte gehen immer schon um halb fünf, und da hatte sie noch genügend Zeit, alles fertig zu machen und pünktlich gehen zu können. Sie machte immer um genau Viertel nach fünf Feierabend, und der Weg nach Hause dauert genau fünfzehn Minuten. Ich habe immer gehört, wenn sie kommt.«

»Gehört?« fragte ich. »Nicht aus dem Fenster gesehen?«

Sie schüttelte den Kopf. »Der Zaun ist zu hoch, da kann man nichts sehen. Aber ich konnte sie hören, weil die Garagentür so quietscht und knirscht, und außerdem konnte ich ihre Schuhe auf dem Zementweg klappern hören. Als ich sie heute hörte, sah ich auf die Küchenuhr, und es war genau halb sechs. Ich ließ ihr noch fünf Minuten Zeit, damit sie ihren Mantel ausziehen und sich hinsetzen konnte, und dann ging ich rüber.« Sie zog die Schultern zusammen, als friere sie. »Er kann noch nicht lange fortgewesen sein, als ich hier ankam. Wenn ich diese fünf Minuten nicht gewartet hätte, wäre ich jetzt vielleicht auch tot.«

»Möglich«, sagte ich. »Wie sind Sie gekommen? Ich meine, durch Ihr Hoftor und dann durch das von Mrs. Turnbell, oder sind Sie durch die Vordertür gegangen?«

»Weder noch, ich bin bei uns vorne heraus, dann über den Weg zwischen unseren beiden Häusern und durch das Tor am Ende der Treppe zur hinteren Veranda. Fragen Sie mich nicht, weshalb ich so gehe, anstatt durch Joans Vordertür, was ja näher wäre. Ich nehme einfach immer diesen Weg. Vielleicht, weil wir sowieso immer in der Küche landen und dort Kaffee trinken.«

»Sie standen mit Mrs. Turnbell also auf recht freundschaftlichem Fuß?«

»O ja, wir waren sehr miteinander befreundet.«

Ich sagte: »Als Sie durch das Tor bei der Veranda kamen, muß der Mörder gerade durch das Tor zur Gasse verschwunden sein. Haben Sie das Tor vielleicht zuschlagen hören, oder Schritte in der Gasse?«

Sie schüttelte den Kopf. »Nein, gar nichts. Ich ging die Treppe zur Veranda rauf und wollte gerade an die Tür klopfen, als ich durch die Glasscheibe in der oberen Hälfte der Tür sah, daß Joan auf dem Boden lag. Das Messer in ihrer Brust habe ich erst gesehen, als ich die Tür geöffnet hatte und schon in der Küche war. Und dann bin ich fast umgekippt.« Nach einem kurzen Augenblick fügte sie mit einem Anflug von Stolz hinzu: »Aber ich habe nicht geschrien, wie sie es in den Filmen immer machen.«

Ich hütete mich davor, ihr diesen Stolz zu nehmen, indem ich ihr sagte, daß die Frauen in den Filmen beim Anblick von Leichen nur schreien, weil es so im Drehbuch steht, und daß Frauen im wirklichen Leben meistens vor Schrecken und Schock keinen Ton herausbekommen. Ich sagte nur: »Was haben Sie dann getan?«

»Sobald ich wieder fähig war, mich zu bewegen, rannte ich in den Flur und rief Dr. Lischer an.« Jetzt wurde ihre Stimme entschuldigend. »Ich glaube, daß ich sofort gewußt habe, daß sie tot ist, und daß auch ein Arzt ihr nicht mehr helfen kann, aber ich war so durcheinander, daß mir nichts Besseres einfiel, als Dr. Lischer um Hilfe zu bitten.«

»Das war schon richtig«, versicherte ich ihr. »Ein Arzt mußte sowieso den Totenschein ausstellen, und dadurch, daß Dr. Lischer das gemacht hat, brauchten wir niemanden aus dem Krankenhaus kommen zu lassen. Haben Sie eine Ahnung, wer sie umgebracht haben könnte?«

Sie sah mich überrascht an. »Woher sollte ich denn wissen, wer der Einbrecher war?«

»Sie glauben also, daß es ein Einbrecher war?«

»Was sonst? Ich hörte, wie ein Polizist sagte, daß die Schubladen herausgerissen sind.«

»Ja, das sagte er mir auch, und ich hatte noch keine Gelegenheit, das selbst zu überprüfen. Mrs. Turnbell lebte von ihrem Mann getrennt?«

Mrs. Crowder nickte, und dann plötzlich weiteten sich ihre Augen. »Glauben Sie etwa –?«

Sie beendete den Satz nicht, und ich sagte nur: »Ich habe nicht die leiseste Ahnung. Wie heißt er eigentlich?«

»Addison Turnbell. Er arbeitet bei der Firma Marks. Die machen Vergaser für Autos.«

»Und als was arbeitet er da?«

»Er steht am Fließband«, sagte Mrs. Crowder und rümpfte leise die Nase. »Geistig war er Joan immer weit unterlegen. Sie war ausgebildete Anwaltssekretärin und er nur ein einfacher Arbeiter. Ich konnte nie verstehen, weshalb sie so an ihm hing, daß sie ihn nicht gehen lassen wollte.« Nach einer kurzen Pause fügte sie noch hinzu: »Das habe ich natürlich nie zu Joan gesagt.«

»War es eine Trennung in beiderseitigem Einvernehmen?«

Henry Crowder sagte lakonisch: »Kaum.«

Seine Frau und ich sahen ihn an. Als er nichts hinzufügte, wandte ich mich wieder seiner Frau zu.

Emma Crowder sagte kämpferisch: »Joan hat ihm keine Schwierigkeiten gemacht, Henry.«

Henry sagte: »Vielleicht machte sie ihm nicht direkt Schwierigkeiten, aber sie ließ ihn auch nicht frei.« Mir gegenüber erklärte er: »Ad hat ein anderes Mädchen, das er gerne heiraten möchte, aber Joan wollte nicht in die Scheidung einwilligen. Sie wollte ihn zurückhaben.«

Mrs. Crowder drückte ihre Haltung zu diesem Wunsch mit einem weiteren Naserümpfen aus.

Nach kurzer Pause sagte ihr Mann: »Auch Joans Mutter hätte es gerne gesehen, wenn die beiden wieder zusammengekommen wären. Als ich ihn das letzte Mal sah, hat Ad mir erzählt, daß Joans Mutter ihn fast jeden Abend anruft und ihm die Ohren vollschwätzt.«

»Er hat Mrs. Phelps genauso eingewickelt wie Joan«, sagte Emma Crowder böse. »Selbst nachdem, was er ihrer Tochter angetan hat, bemuttert sie ihn wie einen eigenen Sohn.«

»Nun, Ad konnte Stella auch schon immer gut leiden«, sagte Henry. »Er hat mir zwar gesagt, daß er sich wünscht, sie würde ihn endlich damit in Ruhe lassen, er solle wieder zu Joan zurückgehen, aber ansonsten mag er sie noch genausogern wie vor der Trennung.«

»Wie steht denn Mrs. Turnbells Vater zu der Trennung?« fragte ich.

Mrs. Crowder sagte: »Er ist schon seit Jahren tot. Mrs. Phelps lebt allein irgendwo im Westen der Stadt.«

Ich zog mein Notizbuch hervor, schrieb den Namen Stella Phelps hinein und sagte: »Können Sie mir ihre Adresse nennen?«

»Nein, aber Joan hat ihr Adreßbuch auf dem Telefontisch im Gang. Die Adresse steht bestimmt drin.«

Ich notierte mir auch den Namen Addison Turnbell und fragte auch nach seiner Adresse.

»Die müßte auch im Buch stehen«, sagte Emma Crowder. »Er wohnt nur ein paar Blocks von hier entfernt, irgendwo in der Bates Street. Er ist zu einem unverheirateten Freund namen Lionel Short gezogen, der mit ihm bei Marks arbeitet.«

Ich ging zum Telefontisch im Flur und fand beide Adressen. Nachdem ich sie notiert hatte, ging ich ins Wohnzimmer zurück. Wenige Augenblicke später kam Harry Dodge zurück.

»Nichts«, berichtete er. »Niemand hat irgend etwas gehört oder gesehen.«

Kurz danach kam Carl Budd durch die Hintertür und berichtete dasselbe über die Nachbarn auf der anderen Seite der Gasse.

Ich dankte den Crowders für ihre Hilfe und sagte, sie könnten jetzt nach Hause gehen. Als sie sich verabschiedeten, tauchte Art Ward vom Polizeilabor auf. Ich führte ihn in die Küche, sagte ihm, was ich von ihm wollte, überließ ihn seiner Arbeit und machte in der Zwischenzeit einen Durchgang durchs Haus.

Im Erdgeschoß gab es vier Zimmer, die um einen kurzen Flur in der Mitte gruppiert waren. Hinten war die Küche und ein Fernsehzimmer, nach vorne heraus das Wohnzimmer und Eßzimmer. Auf der einen Seite des Gangs befand sich das Badezimmer und auf der anderen die Treppe zum Keller und zum ersten Stock.

Im Eßzimmer war die unterste Schublade des Sideboards, die nur Tischwäsche enthielt, herausgezogen und auf den Boden geworfen worden. Im Fernsehzimmer gab es eine Kombination aus Bücherschrank und Schreibtisch. Unter der Schreibplatte befand sich eine Schublade für Briefpapier und Schreibutensilien. Auch diese Schublade war herausgezogen und auf den Boden geworfen worden.

Diese beiden Schubladen waren im Erdgeschoß die einzigen Anzeichen für einen Einbruch.

Ich stieg die Treppe zum ersten Stock hinauf. Oben gab es zwei Schlafzimmer und ein weiteres Bad. Keinerlei offensichtliche Anzeichen für einen Einbruch.

Ich ging in den Keller und sah mich genau um. Auch hier schien nichts zu fehlen.

Wieder im Erdgeschoß, sah ich mir die anderen Schubladen des Sideboards im Eßzimmer an. Die eine enthielt ein mehrteiliges Silberbesteck, die andere ein Sparschwein voller Silbermünzen.

Als ich meinen Rundgang beendet hatte, war Art auch mit seiner Arbeit in der Küche fertig. Er berichtete, daß er die Leiche aus drei verschiedenen Blickwinkeln aufgenommen habe und das Fleischmesser auf Fingerabdrücke untersucht habe. Es gab keine Fingerabdrücke. Er wollte wissen, ob er das Messer herausziehen könne.

Als ich ihm sagte, das könne er, versiegelte er es in einem großen Umschlag, schrieb darauf, daß es sich um Beweismaterial handele, und wir beide bestätigten dies durch unsere Unterschrift.

Ich sagte: »Kein Anzeichen für gewaltsames Eindringen. Wollen Sie sich die Schlösser an der Vorder- und der Hintertür einmal ansehen? Vielleicht können Sie noch Kratzer feststellen.«

Er sah sich die Hintertür an und grinste schief. »Ich hätte eigentlich gedacht, daß inzwischen alle Leute diese altmodischen Schlösser durch neue ersetzt hätten. Falls jemand hier eingebrochen ist, brauchen wir uns gar nicht weiter umzusehen. In jedem Schlüsselladen kann man Rohlinge kaufen, mit denen man die Tür im Handumdrehen auf bekommt.«

Trotzdem ließ ich ihn auch die Vordertür untersuchen, und auch noch die Tür, die vom Keller nach draußen führte. Keine der beiden Türen zeigte irgendwelche Anzeichen dafür, daß sich jemand daran zu schaffen gemacht hatte.

Als ich ihn dann noch die beiden herausgerissenen Schubladen fotografieren ließ, kam Art so langsam dahinter. »He«, sagte er. »Das war gar kein Einbruch, was? Jemand hat den Einbruch nur vorgetäuscht. Und noch nicht einmal sehr geschickt.«

»Der Mörder hat sich nicht viel Zeit gelassen«, stimmte ich ihm zu. »Aber vielleicht hatte er auch nicht viel Zeit.«

Als Art Ward gegangen war, bestellte ich einen Leichenwagen und sagte Harry Dodge und Carl Budd, sie sollten warten, bis die Leiche abgeholt sei. Dann fuhr ich zu der Wohnung, in der Addison Turnbell bei seinem Freund Lionel Short wohnte.

Das Apartmenthaus befand sich in der Bates Street, vier Blocks von Joan Turnbells Haus in der Dewey Street entfernt.

Turnbells Wohnung lag im Erdgeschoß. Als ich klingelte, wurde mir die Tür von einem dünnen, recht gut, aber müde aussehenden Mann von etwa dreißig Jahren geöffnet. Er war in Hemdsärmeln und hatte eine Zeitung in der Hand.

»Mr. Turnbell?« fragte ich.

Er schüttelte den Kopf. »Ich wohne mit ihm zusammen.« Über die Schulter rief er zurück: »Ad, es ist für dich!« Damit kehrte er zu dem Sessel zurück, aus dem mein Klingeln ihn aufgescheucht hatte, und verschwand hinter seiner Zeitung.

Ein muskulöser, blonder, gutaussehender Mann, etwa im gleichen Alter, erschien aus einem anderen Zimmer und kam zur Tür. Auch er war in Hemdsärmeln, hatte eine Schürze umgebunden und ein Abtrockentuch in der Hand.

»Heute bin ich dran mit Spülen«, sagte er mit einem leisen Grinsen. »Was kann ich für Sie tun?«

Ich zeigte ihm meine Marke und meinen Ausweis. »Ich bin

Sergeant Sod Harris von der Mordkommission. Kann ich reinkommen?«

Seine Augen weiteten sich, und er trat einen Schritt zur Seite. Ich steckte meine Brieftasche wieder ein, ging an ihm vorbei und wartete, bis er die Tür hinter mir geschlossen hatte. Sein Freund faltete die Zeitung zusammen, legte sie weg und starrte mich aus Augen an, die ebenso weit aufgerissen waren wie die von Turnbell.

Als ich bei der Mordkommission anfing, überlegte ich mir ständig, wie ich die schlimme Nachricht den nächsten Anverwandten so sanft wie möglich beibringen konnte. Ziemlich oft mußte ich jedoch bald schon feststellen, daß es gar keine so schlimme und schon gar keine neue Nachricht war, und falls doch, so konnte auch meine Sanftheit den Schlag nicht mildern. Und jetzt, wenn ich nur den geringsten Verdacht habe, daß ich keine Neuigkeit überbringe, verkünde ich einfach kurz und knapp, was ich zu verkünden habe, und warte auf Reaktionen.

Ich sagte: »Mr. Turnbell, Ihre Frau wurde um halb sechs Uhr heute nachmittag ermordet.«

Die Augen beider Männer wurden noch weiter. Mit hoher Stimme fragte Turnbell: »Wo denn?«

»In ihrem Haus.«

»Aber wie –?«

»Mit einem Fleischmesser. Wir glauben, daß es aus dem Set stammt, das über dem Herd hängt.«

Er fuhr sich mit der Zunge über die Lippen. »Also ist es in der Küche passiert?«

Ich nickte.

»Haben Sie den Einbrecher schon?«

Ich sah ihn neugierig prüfend an. »Wie kommen Sie denn darauf, daß es ein Einbrecher war?«

Seine Augen wichen mir aus, und er fuhr sich wieder mit der Zunge über die Lippen. In einem merkwürdig ausweichenden Ton sagte er: »Sagten Sie nicht, es wäre um halb sechs passiert?«

»Ja, schon.«

»Nun, Sie kommt immer um halb sechs nach Hause. Man konnte die Uhr nach ihr stellen. Sie sagten auch, es sei in der Küche passiert. Vermutlich habe ich einfach angenommen, daß sie einen Einbrecher überrascht hat, als sie durch die Hintertür kam.«

Er sah so schuldig aus, daß ich ihn fast über seine verfassungsmäßigen Rechte aufgeklärt und auf der Stelle verhaftet hätte. Ich hielt mich nur zurück, weil ich nicht glauben konnte, daß es so einfach sein sollte.

Es war auch nicht so einfach, wie ich schon bald entdeckte, als ich in fragte, was er zu dieser Zeit getan habe. Er konnte mir über jede einzelne Sekunde Rechenschaft ablegen, von dem Augenblick, als er um halb fünf Feierabend hatte, bis jetzt. Es gab nur eine kleine Lücke, genau zur Tatzeit, und einen Augenblick dachte ich schon, ich könnte sein Alibi knacken, aber dann konnte auch diese Lücke geschlossen werden.

Er und sein Freund hatten um halb fünf zusammen Feierabend gemacht, waren mit dem Bus zusammen nach Hause gefahren und um zehn nach fünf zusammen in der Wohnung angekommen. Keiner der beiden hatte auf die Uhr gesehen, als sie die Wohnung betraten, aber beide bestanden darauf, daß es ziemlich genau zehn nach fünf gewesen sein mußte, weil sie immer den gleichen Bus nahmen und immer um die gleiche Zeit zu Hause ankamen.

Lionel Short sagte: »Normalerweise sehe ich immer auf die Uhr, wenn wir zurückkommen, einfach um zu sehen, wie pünktlich wir sind. Heute habe ich das nicht getan, weil das Telefon klingelte, als wir aufschlossen, und ich bin hingerannt, um zu antworten.« Er gab ein kleines, glucksendes Lachen von sich. »Es war schon wieder Ads Freundin.«

Ich sah Turnbell an. »Das Mädchen, das Sie heiraten wollen, wenn Ihre Frau endlich in die Scheidung einwilligen würde?«

Er sah mich erschreckt an. Sein Freund gab wieder dieses glucksende Lachen von sich und erklärte es dann, indem er sagte: »Ich habe nur einen Spaß gemacht, Sergeant. Es war nicht seine Freundin, es war seine Schwiegermutter. Ad verbringt sein halbes Leben damit, mit ihr zu telefonieren.«

»Oh«, sagte ich.

»Heute haben wir vierzig Minuten lang telefoniert«, sagte Addison Turnbell. Dann kam ihm ein Gedanke. »He, das muß genau zu der Zeit gewesen sein, als Joan umgebracht wurde.«

»Stimmt«, sagte Short. »Ich habe auf die Uhr gesehen, als ich vom Supermarkt zurückkam, und da warst du immer noch am Telefon. Es war genau Viertel vor sechs.«

Ich spitzte die Ohren. Das war der Augenblick, an dem ich kurz hoffte, ich könnte Turnbells Alibi knacken. Ich sagte: »Sie waren um halb sechs gar nicht hier, Mr. Short?«

»Nein, ich war einkaufen. Einen Block weiter ist ein Supermarkt. Ich war von Viertel nach fünf bis Viertel vor sechs weg.«

Schweigend sah ich ihn eine Zeitlang an, dann fragte ich: »Sind Sie sicher, daß Mr. Turnbell immer noch mit seiner Schwiegermutter sprach?«

»Natürlich.« Dann erst ging ihm die Bedeutung dieser Frage auf, und er lachte wieder. »Meinen Sie vielleicht, daß Ad mir das Gespräch nur vorgespielt hat? Daß gar niemand am anderen Ende war? Dann kennen Sie Mrs. Phelps aber nicht. Man kann ihre Stimme fast noch im nächsten Zimmer hören, wenn sie am Telefon ist. Ich hörte sie so deutlich sprechen, daß ich Ihnen sogar sagen kann, was sie sagte. Sie erzählte Ad, daß Joan endlich eingesehen habe, daß es nicht richtig von ihr gewesen sei, immer auf Ad herunterzusehen, weil er keine bessere Stellung hat, und daß sie versprochen hätte, zu ihm aufzusehen und ihm das Gefühl zu geben, er sei der Herr im Haus, wenn er nur zu ihr zurückkäme. Und ein bißchen später hörte ich sie sagen, daß sie einen Auflauf im Ofen hätte und jetzt Schluß machen müsse.«

Meine Hoffnung verlöschte fast, aber nicht ganz. Es gab immer noch die Möglichkeit, daß Mrs. Phelps zweimal angerufen hatte – oder daß Turnbell sie nach der ersten Unterhaltung zurückgerufen hatte – und daß zwischen den beiden Anrufen genug Zeit war, schnell zum Haus seiner Frau zu laufen und wieder zurück. Das mußte jedoch warten, bis ich mit Mrs. Phelps sprechen konnte.

Ich zog mein Notizbuch hervor und sagte zu Addison Turnbell: »Ich brauche den Namen Ihrer Freundin. Den der echten, meine ich.«

Er starrte mich stirnrunzelnd an.

»Das Mädchen, das Sie heiraten wollen«, half ich ihm.

»Ich weiß, wen Sie meinen, aber was hat sie mit dieser Sache zu tun?«

Ich zuckte die Schultern. »Höchstwahrscheinlich nichts. Aber es könnte ja auch sein, daß sie es müde wurde, auf Sie und die Scheidung zu warten, und daß sie beschlossen hat, das Problem zu lösen, indem sie Sie zum Witwer machte. Ich werde sowieso herausfinden, wer sie ist, auch ohne Ihre Hilfe, aber es wäre natürlich einfacher, wenn Sie sich ein bißchen hilfsbereiter zeigten.«

Nachdem er stirnrunzelnd darüber nachgedacht hatte, erhellte sich sein Gesicht plötzlich, und er sagte triumphierend: »Sie kann Joan gar nicht umgebracht haben. Sie arbeitet von vier bis Mitternacht. Sie arbeitet auch jetzt.«

»Oh, wo denn?«

»Im Steakhaus an der Kingshighway. Sie ist dort Kellnerin.«

»Ach ja, ich weiß, wo das ist«, sagte ich. »Und wie heißt sie?«

»Sylvia Baumgartner.«

Nachdem ich mir den Namen notiert hatte, steckte ich mein Notizbuch weg und sagte: »Im Augenblick ist das wohl alles. Sie halten sich zur Verfügung, Mr. Turnbell?«

»Ich hatte nicht vor, die Stadt zu verlassen«, antwortete er mißmutig.

»Falls ich Sie morgen brauchen sollte, kann ich Sie dann an Ihrer Arbeitsstelle erreichen?«

Er schüttelte den Kopf. »Morgen ist Samstag. Ich werde hier sein.«

»Schön.« Ich zog die Tür auf, drehte mich dann noch einmal um und sagte: »Noch eines. Sie scheinen nicht sehr bekümmert darüber zu sein, daß Sie jetzt Witwer sind.«

»Ich wollte mich von dieser Frau scheiden lassen«, sagte er sardonisch. »Ich habe ihr natürlich nicht den Tod gewünscht, aber offengestanden hatte ich die Nase voll von ihr. Falls Sie es aber unbedingt wünschen, könnte ich mir sicherlich ein paar Krokodilstränen abquetschen.«

»Machen Sie sich wegen mir keine Umstände«, sagte ich, ging hinaus und zog die Tür hinter mir zu.

Sylvia Baumgartner war Mitte Zwanzig, zierlich, lebhaft, rothaarig. Sie war auch, von vier Uhr nachmittags bis zu dem Augenblick, in dem ich das Restaurant betrat, ständig in voller Sichtweite des Restaurantbesitzers, einiger Kellnerinnen und Dutzender von Kunden gewesen.

Mrs. Stella Phelps wohnte in einem Apartment in der Maryland Avenue. Ich besuchte sie gegen halb neun.

Die Mutter des Opfers war eine füllige, blonde Frau von etwa

Mitte Fünfzig, mit einem angenehmen Mondgesicht. Sie hatte vom Weinen rotgeränderte Augen, die sie mit einem Taschentuch betupfte. Sie sagte, Addison Turnbell hätte sie angerufen und sie vom Tod ihrer Tochter unterrichtet. Das mußte gewesen sein, während ich unterwegs war.

Sie bat mich hinein, ließ mich in einem Sessel Platz nehmen und setzte sich auf das Sofa mir gegenüber. Nachdem sie sich die Augen noch einmal betupft hatte, straffte sie die molligen Schultern und brachte ein tapferes Lächeln zustande.

»Ich bin noch nicht ausgeweint, Sergeant«, sagte sie. »Aber ich weiß, daß Sie Ihre Arbeit tun müssen, und so beherrsche ich mich. Joan war mein einziges Kind, und seit dem Tod meines Mannes vor zehn Jahren ist sie alles, was ich habe. Ad hat mir ebenfalls immer nahegestanden, aber natürlich ist er kein Blutsverwandter, und er und Joan lebten getrennt, und vielleicht betrachtet er mich nicht einmal mehr als seine Schwiegermutter. Ich bin sicher, daß die beiden irgendwann wieder zusammengefunden hätten, aber jetzt ist es zu spät.«

Wieder betupfte sie sich die Augen mit dem Taschentuch. Ich machte mir die kurze Pause zunutze und warf in die Wortflut ein: »Ihr Schwiegersohn sagt, daß er zu dem Zeitpunkt, an dem Ihre Tochter getötet wurde, mit Ihnen telefoniert hat.«

»Ja, als er mich eben anrief, sagte er schon, daß Sie wahrscheinlich danach fragen würden.« Sie zog fragend eine Augenbraue hoch. »Sie werden doch nicht etwa ihn verdächtigen, Joan umgebracht zu haben?«

»Bei Mordfällen ist der Ehepartner immer verdächtig, Mrs. Phelps. Ich habe Mr. Turnbell noch nicht der Tat beschuldigt. Wenn Sie sein Alibi bestätigen können, werde ich meinen Verdacht nur allzugern fallenlassen. Erinnern Sie sich noch daran, wann genau Sie ihn anriefen, und wie lange genau Sie miteinander telefonierten?«

»Das kann ich Ihnen auf die Minute genau sagen, Sergeant, weil ich nämlich einen Auflauf im Ofen hatte, der um zehn vor sechs herausgenommen werden mußte. Ich stellte den Backofen um zehn nach fünf an, und sofort anschließend wählte ich Ads Nummer. Dieser Mann, Lionel Sowieso, mit dem Ad zur Zeit zusammenwohnt, meldete sich. Ich konnte ihn noch nie leiden. Ich bin der Meinung, daß er einen schlechten Einfluß auf Ad hat. In jeder Ehe muß es zu Streitigkeiten kommen, wenn der Mann seine Freundschaft mit einem überzeugten Junggesellen beibehält. Der Mann war noch nie verheiratet, was mir für jemanden, der schon über dreißig ist, einfach nicht normal erscheint. Als Ad und Joan noch zusammen waren, kam er immer bei ihnen vorbei und verführte Ad dazu, mit ihm wegzugehen und Junggesellendinge mit ihm zu machen, wie zum Beispiel Billard spielen, kegeln und pokern. Ich glaube, daß er derjenige ist, der Ad mit dieser kleinen Schlampe bekanntgemacht hat, die dann schließlich schuld war an dem endgültigen Bruch zwischen Ad und meiner Tochter.«

So langsam fing ich an zu verstehen, warum die telefonische Unterhaltung so lange gedauert haben konnte. Als sie schließlich innehielt, um Luft zu holen, warf ich schnell ein: »Und wann beendeten Sie die Unterhaltung mit Ihrem Schwiegersohn?«

Sie sah mich überrascht an. »Habe ich das noch nicht gesagt? Um zehn vor sechs. Ich behielt meine Armbanduhr ständig im Auge, weil ich ja den Auflauf im Ofen hatte, und als es zehn vor sechs war, sagte ich zu Ad, daß ich jetzt aufhängen müßte. Leider, muß ich sagen, denn endlich schien ich ein bißchen Erfolg zu haben. Er hatte eingestanden, daß er Joan immer noch mochte, und falls sich einiges ändern würde – wenn Joan zum Beispiel nicht mehr ständig schimpfen würde, wenn er mit Lionel ausging –, dann könnte sich vielleicht doch alles noch zum Besseren wenden. Ich fing wirklich gerade an zu hoffen, daß sich alles noch einmal einrenken lassen würde. Aber vielleicht wurde genau in diesem Augenblick das arme Mädchen ermordet.«

Das war sehr interessant. Addison Turnbell hatte zu mir gesagt: »Ich wollte mich von der Frau scheiden lassen, Sergeant. Ich habe ihr natürlich nicht den Tod gewünscht, aber offengestanden hatte ich die Nase wirklich voll von ihr.« Und doch hatte er nur zwei Stunden vorher seiner Schwiegermutter gegenüber angedeutet, daß eine Versöhnung vielleicht noch möglich sei. Aber vielleicht hatte er das auch nur gesagt, um endlich seine Ruhe vor ihr zu haben.

Nach einer kurzen Pause öffnete Mrs. Phelps den Mund, um noch etwas zu sagen, aber ich war schneller als sie. Hastig fragte ich: »Wie spät ist es denn jetzt nach Ihrer Armbanduhr?«

Sie warf einen Blick darauf und sagte: »Zwanzig Uhr zweiundvierzig. Sie geht sehr genau. Ich habe sie schon seit Wochen nicht mehr gestellt, und sie geht immer richtig, wenn ich sie mit der Fernsehzeit vergleiche.«

Sie erinnerte mich an jemanden, der einem jedesmal, wenn man ihn nach der Zeit fragt, die ganze Geschichte der Uhrmacherkunst mitliefert.

Meine Uhr, die auch sehr genau geht, zeigte ebenfalls zwanzig Uhr zweiundvierzig. Ich stand auf. »Ich denke, daß Ihr Schwiegersohn damit ziemlich entlastet ist, Mrs. Phelps. Wissen Sie vielleicht, ob Ihre Tochter Feinde hatte, die zu einem solchen Mittel greifen würden?«

»Joan?« sagte sie, ganz offensichtlich schockiert darüber, daß mir ein solcher Gedanke überhaupt kommen konnte. »Aber nein, alle Leute mochten sie sehr gern. Ich bin sicher, daß es nur ein Einbrecher gewesen sein kann.«

»Vielleicht«, murmelte ich und flüchtete durch die Tür, bevor sie zu einem weiteren Monolog beginnen konnte.

Ich fuhr ins Kommissariat zurück, legte einen Aktenordner für den Fall an und tippte die chronologische Reihenfolge der Ereignisse bis zu diesem Augenblick, angefangen mit dem Anruf aus Carondelet. Als ich damit fertig war und mir alles noch einmal durchlas, verstärkte sich der Verdacht, den ich die ganze Zeit gehabt hatte. Joan Turnbell war nicht von einem Einbrecher ermordet worden, den sie auf frischer Tat ertappte. Joan Turnbell war vorsätzlich ermordet worden. Das war mir ganz klar. Aber alles andere war völlig unklar.

Als ich kurz nach Mitternacht nach Hause kam, schlief Maggie schon. Als ich am Morgen wach wurde, war das Bett neben mir leer. Die Uhr auf dem Nachttisch verriet mir, daß es acht Uhr war.

Normalerweise schlafe ich bis neun Uhr, wenn ich Nachtschicht gehabt habe, aber heute hatte ich das Bedürfnis, mir Maggies Rat einzuholen. Ich stand auf, schrie durch die Wohnung, sie solle den Kaffee aufstellen, und ging ins Badezimmer, um zu duschen und mich zu rasieren.

Als ich zwanzig Minuten später die Küche betrat, war der Kaffee fertig. Sie gab mir meinen üblichen Guten-Morgen-Kuß, der nach fünfundzwanzig Jahren Ehe noch ganz schön leidenschaftlich war, und fragte, was ich zum Frühstück wollte.

»Nur Toast und Unterhaltung«, sagte ich.

Sie legte Brotscheiben in den Toaster, stellte Butter und Marmelade vor mich, setzte sich an die andere Seite des Tischs und sah mich fragend an. »Probleme?«

»Nur eins. Ich habe einen Mord, der wie die Tat eines überraschten Einbrechers aussehen soll, es aber nicht war. Der einzige Mensch mit einem Motiv, zumindest soviel ich weiß, hat ein einwandfreies Alibi.«

»Erzähl mir mehr darüber«, sagte Maggie. »Vielleicht kommen wir dann dahinter.«

Das war keineswegs eingebildet von ihr. Im Laufe der Jahre ist sie mit ihrem gesunden Menschenverstand schon mehr als einmal auf Lösungen gekommen, die mir nicht im Traum eingefallen wären.

Der Toast sprang hoch, und ich wartete, bis sie ihn mir gebracht hatte, ehe ich anfing. Ich erzählte ihr in allen Einzelheiten, was sich gestern zugetragen hatte.

»Es kann nicht die Tat eines Einbrechers gewesen sein«, schloß ich schließlich, »und zwar nicht nur, weil die beiden herausgerissenen Schubladen so offensichtlich sind. Falls es ein Einbrecher gewesen wäre, hätte er gar nicht überhören können, daß sie nach Hause kam, und er hätte noch massenhaft Zeit gehabt, durch die Vordertür zu verschwinden. Und selbst wenn er die laute Garagentür überhört hätte, das Klappern ihrer Eisenhacken auf dem Weg konnte ihm nicht entgehen. Wenn die Nachbarin nebenan die Geräusche hörte, wieso dann nicht auch der Mörder?«

»Vielleicht war er taub«, schlug Maggie vor.

Ich machte eine ungeduldige Handbewegung. »Hast du schon jemals von einem tauben Einbrecher gehört? Das wäre nun wirklich ein zu großes Berufsrisiko.«

Sie grinste mich an. »Okay, er hat sie also kommen gehört. Was bedeutet, daß er absichtlich in der Küche gewartet hat, um sie umzubringen.«

»Genau.«

»Und wo liegt das Problem?«

Ich war gerade dabei, mir Marmelade auf den Toast zu schmieren, aber ich hielt inne und starrte sie ungläubig an. »Aber Maggie!

Mein Problem ist, daß der einzige Mensch, der ein Motiv für den Mord hatte, sich zum Zeitpunkt des Mordes vier Blocks entfernt aufhielt und mit ihrer Mutter telefonierte.«

»Während sein Mitbewohner einkaufen war. Oder behauptet, er wäre einkaufen gewesen.«

Ich starrte sie weiter an.

»Der Freund hat es für ihn getan«, sagte Maggie. »Während er das Telefongespräch mit seiner Schwiegermutter in die Länge zog, um sich ein Alibi zu verschaffen.«

Ich legte den Toast hin, faltete die Hände im Schoß und sah sie so lange an, bis sie rot wurde.

»Nein?« fragte sie schließlich.

»Oh, es ist eine bemerkenswerte Theorie«, sagte ich ironisch. »Nur ein Punkt ist mir nicht ganz klar. Wie brachte Turnbell seinen Freund dazu, für ihn einen Mord zu begehen?«

»Ich kann doch nicht die ganze Arbeit für dich tun«, informierte sie mich. »Vielleicht hat er ihn dafür bezahlt.«

»Von seinem Gehalt, das er als Fließbandarbeiter bekommt?«

»Vielleicht hat auch Lionel Short ein Interesse daran, irgend jemanden umzubringen«, sagte sie mit plötzlicher Inspiration. »Und das wird Addison Turnbell dann erledigen, während Short sich ein Alibi beschafft.«

Ich schüttelte mitleidig den Kopf. »Du verlierst den Boden unter den Füßen, Liebe meines Lebens. Wenn Turnbell und Short unter einer Decke steckten, hätte Short nicht zu sagen brauchen, er sei im Supermarkt gewesen. Er hätte sagen können, er sei die ganze Zeit in der Wohnung gewesen, und die beiden hätten sich gegenseitig ein Alibi geben können.«

Wieder wurde sie rot, dann zog sie mir eine Grimasse. »Nun, kein Mensch kann perfekt sein«, brummte sie.

»Aber er hätte einen professionellen Killer beauftragen können«, sagte ich nachdenklich.

»Von seinem Gehalt als Fließbandarbeiter?« äffte sie mich nach.

Ich nahm meinen Toast wieder auf. Das Telefon klingelte.

Maggie stand auf und ging zu dem Zweitapparat, der an der Küchenwand angebracht war. Ich konnte sie die ganze Zeit sehen.

Grace war eine etwas umständliche Freundin von Maggie. Ich aß meinen Toast zur Begleitung von gelegentlichen einsilbigen Kommentaren von Maggies Seite, während Graces hohe, etwas schrille Stimme unermüdlich durch den Hörer flutete.

Ich trank meinen Kaffee aus und wollte mir gerade mehr holen, als Maggie mir ein Zeichen machte, sitzen zu bleiben, zum Herd ging, die Kaffeekanne holte, zum Tisch kam und mir nachschenkte.

»Wie bist du die alte Quasselstrippe denn so schnell losgeworden?« fragte ich.

Maggie legte den Finger auf die Lippen und deutete auf das Telefon. Als ich genau hinsah, fiel mir auf, daß sie den Hörer nicht aufgelegt, sondern neben das Telefon gelegt hatte.

Leise sagte Maggie: »Sie wird gar nicht merken, daß ich weg bin. Sie redet so schnell, daß man keine Möglichkeit hat, ihr zu antworten. Aber sie könnte dich hören, wenn du so laut redest.«

Sie ging wieder ans Telefon. Ich starrte sie eine Weile an, ließ meine zweite Tasse Kaffee unberührt stehen und ging ins Schlafzimmer, um mir die Krawatte umzubinden.

Maggie war immer noch am Telefon, als ich ihr einen Kuß auf das freie Ohr drückte und ihr zuflüsterte: »Du stehst doch noch mit beiden Füßen auf dem Boden, Liebes. Du hast den Fall gelöst.« Damit verschwand ich.

Auf dem Weg nach Carondelet dachte ich angestrengt nach. Ich wußte, daß ich den Fall gelöst hatte, aber es war eine andere Frage, wie ich das beweisen sollte.

Ich hatte den Vorteil, daß Addison Turnbell kein sehr schlauer Mann zu sein schien. Er hatte mehr Glück als Verstand gehabt, denn sein Mordplan stand auf ganz schön wackligen Füßen. Der Plan hatte so viele Stolperstellen, daß es fast an ein Wunder grenzte, daß er überhaupt so weit gekommen war. Seine Schwiegermutter hätte eine Frage stellen können, die eine Antwort erfordert hätte. Sein Mitbewohner hätte früher vom Einkaufen zurückkommen können. Emma Crowder hätte dreißig Sekunden früher zu ihrer Freundin gehen können, und dann hätte sie noch gesehen, wie er durch das Gartentor verschwand.

Und jeder, der dumm genug war, einen solchen Plan zu riskieren, war vielleicht auch dumm genug, auf einen Bluff hereinzufallen.

Es war kurz vor neun, als ich an der Wohnung klingelte. Addison

Turnbell öffnete die Tür. Er trug Schlafanzug und Morgenmantel, aber anscheinend war er schon eine Zeitlang auf, denn er war gekämmt und offensichtlich frisch rasiert. Er begrüßte mich ohne großen Enthusiasmus, aber auch ohne Überraschung, und bat mich, hereinzukommen.

»Wo ist denn Ihr Freund?« fragte ich, als er die Tür hinter mir schloß.

Er schläft noch. Er ist gestern abend noch ausgegangen, nachdem Sie weg waren. Wollen Sie sich setzen?«

»Nein, danke, Mr. Turnbell. Sie sind vorläufig verhaftet. Sie stehen unter dem Verdacht, Ihre Frau ermordet zu haben.« Ich zog meine kleine Karte hervor und verlas ihm seine Rechte.

Als ich fertig war, starrte er mich mit offenem Mund an. Es dauerte eine ganze Weile, ehe er mit hoher Stimme hervorbrachte: »Sie verhaften mich?«

»Genau. Ich glaube, daß es kein vorsätzlicher Plan war, sondern daß Ihnen der Einfall ganz plötzlich kam. Plötzlich stellten Sie fest, daß Sie mit einer Frau telefonierten, die so unermüdlich redete, daß sie Sie vielleicht gar nicht vermissen würde, falls Sie weggingen. Für ein paar Minuten, na, sagen wir, fünfzehn. Ihr Mitbewohner war zum Einkaufen gegangen und würde also nicht wissen, ob Sie die Wohnung verlassen hatten. Und Ihre Frau mußte in wenigen Minuten nach Hause kommen. Ich vermute, daß Sie immer noch einen Schlüssel zum Haus haben. Sie erreichten das Haus, kurz bevor Ihre Frau von der Arbeit kam, zerrten ein paar Schubladen auf den Boden, damit alles wie ein Einbruch aussah, erstachen sie, als sie durch die Tür kam, wischten Ihre Fingerabdrücke ab und erreichten diese Wohnung hier wahrscheinlich knapp zehn Minuten nachdem Sie sie verlassen hatten.«

»Sie sind ja verrückt«, sagte er mit belegter Stimme und fuhr sich mit der Zunge über die Lippen. »Das können Sie nie beweisen.«

»Oh, das habe ich schon. Nicht mit Hilfe Ihrer Schwiegermutter, die glaubt immer noch, daß sie die ganze Zeit mit Ihnen geredet hat. Aber ein Nachbar Ihrer Frau, der auf der anderen Seite der Gasse wohnt, hat genau um diese Zeit seine brandneue Polaroid-Kamera ausprobiert. Er stand auf seiner hinteren Veranda, als Sie aus der Hintertür kamen, und er weiß genau, um welche Zeit das war. Es war zweiunddreißig Minuten nach fünf. Ich habe einen

Abzug des Fotos bei mir.«

Als ich in meine Brusttasche griff, rannte er zur Küche. Wahrscheinlich wollte er durch die Hintertür flüchten. Ich weiß nicht, wie er sich das vorgestellt hatte, schließlich war er in Schlafanzug und Morgenmantel, aber das war nicht so wichtig, denn er stolperte über einen Küchenstuhl und landete flach auf dem Boden.

Ich drückte ihm ein Knie in den Rücken und legte ihm die Handschellen an, bevor ich ihm auf die Füße half.

Originaltitel: MAGGIE'S GRIP. 3/75

Nancy Schachterle

Champagner in den Bergen

Hobart, ein Bergwerksstädtchen in den Rocky Mountains, hält im Winter seinen Winterschlaf und lebt im Sommer von seiner glorreichen Vergangenheit und den Touristen. Hobart hat schon viele große, chromblitzende Luxusautos gesehen, aber so etwas wie D. J. Armitage gab es auch in Hobart nur einmal.

D. J. und sein Auto gehörten und paßten zusammen. Wohlstand und Reichtum zeigten sich bei beiden im gepflegten Äußeren, und in kniffligen Situationen konnte man sich auf beide gleichermaßen verlassen. Regelmäßig wie das Frühlingstauwetter tauchten sie in Hobart auf. D. J. jedes Jahr ein Jahr älter, das große Auto immer brandneu. Im Laufe der Jahre verwandelte sich D. Js Haar von Eisengrau zu Silber, das mit dem blitzenden Chrom seines Autos um die Wette schimmerte.

Das letzte Mal, das Hobart D. J. erlebte, war anders als die Male davor. Sonst fuhr D. J. immer zum Buckskin Hotel, traf sich dort mit dem alten Jake Miller aus den Bergen, feierte mit ihm ihr Jubiläum, und um elf Uhr abends waren er und sein Auto wieder unterwegs – aber dieses Jahr war Jake nicht da.

Mehr als vierzig Jahre lang war Jake immer dagewesen. Es war ein Ritual. Aber dieses Jahr war Jake nicht da.

D. J. wartete. Weil er ein Gentleman von altem Schrot und Korn war, wartete er geduldig und mit Fassung. Je weiter der Nachmittag fortschritt, desto öfter sah er auf seine Uhr, aber im großen und ganzen konnte man sagen, daß er sich sehr gut hielt. Jake tauchte nicht auf.

D. J. verbrachte die Nacht in Hobart, das erste Mal seit der großen Flut von 1937, die ihn daran gehindert hatte, die Brücke zu überqueren. Er wartete auch den ganzen nächsten Tag.

Am dritten Tag ging D. J. zum Sheriff.

»Er ist tot«, sagte er zum Sheriff. »Der arme Alte ist ganz alleine da oben in den Bergen gestorben, und keiner kümmert sich darum. Sie müssen rauffahren und ihn in die Stadt holen, Sheriff.«

Der Sheriff war leider anderer Meinung. »Wie ich Ihnen schon gesagt habe, Mr. Armitage«, entgegnete er, »war der alte Jake letzten Monat wie üblich hier unten, um sich mit Proviant einzudecken. Kein Grund zu der Annahme, daß er tot ist. Es ist ein weiter Weg bis zu ihm, und ich sehe absolut keine Möglichkeit, einen meiner Männer rauszuschicken, einfach so, bloß weil Sie eine Vermutung haben.«

D. J. blieb sachlich und ruhig. Er wurde nicht wütend, er schrie nicht, er tobte nicht, er drohte nicht. Er war sehr ruhig und sachlich, aber auch fest entschlossen und bestimmt.

»Ich sage Ihnen, Sheriff«, beharrte er, »wenn Jake noch am Leben wäre, könnte nichts ihn daran hindern, am neunzehnten März in die Stadt zu kommen. Ich habe zwei Tage lang gewartet, nur für den Fall, daß er sich vielleicht im Datum geirrt haben sollte, was er, wie ich Ihnen versichern kann, in vierzig Jahren noch kein einziges Mal getan hat. Wahrscheinlich wissen Sie ja über unser Jubiläum Bescheid. Vor einundvierzig Jahren haben Jake und ich am neunzehnten März die Midas-Mine entdeckt, durch die diese Stadt hier überhaupt erst ins Leben gerufen wurde. Seitdem haben wir uns jedes Jahr am neunzehnten März im Buckskin Hotel getroffen und eine Flasche Champagner geköpft, um das Ereignis zu feiern. Obwohl die Midas-Mine schon vor Jahren geschlossen wurde, blieb Jake dort oben wohnen, und er hat es also nicht so weit zu unserer kleinen Feier. Und egal wohin die Geschäfte der Unternehmensgruppe Armitage mich auch führen, jedes Jahr am neunzehnten März bin ich hier. Wir beide, Jake und ich, sind sehr treue Gesellen, Sheriff, und ich sage Ihnen, wenn Jake noch am Leben wäre, wäre er hier.«

»Und er ist wirklich noch kein einziges Jahr nicht gekommen?«

»Kein einziges Jahr. Ich hoffe, Sie verstehen mich jetzt. Wissen Sie, in den letzten Jahren war es für mich nicht ganz einfach. Meine Geschäfte zwingen mich dazu, immer weiter und öfter zu reisen. Dieses Jahr war ich auf den Philippinen, aber ich habe es noch rechtzeitig geschafft zurückzukommen. Unser Jubiläum bedeutet Jake eine ganze Menge. Er ist nie aus den Bergen rausgekommen: Ein alter Mann, der nichts von der Welt gesehen hat. Unsere jährliche Feier war so etwas wie ein großes Ereignis für ihn. Champagner, immer Champagner. Es war für ihn ein Zipfelchen der mondänen Welt, und Jake genoß es. Und jetzt ist er tot.« D. J. fuhr sich mit anmutiger Geste über die Augen, die beim Sprechen feucht geworden waren. »Und ich verlange – ja, ich verlange – daß Sie jemanden raufschicken und die Leiche des armen Kerls holen lassen, damit er wenigstens ein anständiges Begräbnis bekommt.«

Der Sheriff beharrte auf seinem Standpunkt. So weit es ihn anging, gab es keine Leiche. Zumindest würde er das so lange annehmen, bis der alte Jake nächsten Monat nicht wie üblich kam, um seinen Proviant zu holen. So langsam verlor D. J. ein bißchen von seiner Gelassenheit und Fassung, aber nichts, was er sagte, konnte den Sheriff überzeugen. Er würde abwarten bis nächsten Monat, daran gab es nichts zu rütteln.

Nach langem Hin und Her nahm D. J. die Sache selbst in die Hand.

»Ich habe wirklich nicht die Zeit dazu, Sheriff«, protestierte er noch einmal. »Ich muß am vierundzwanzigsten in Chikago sein, aber um nichts in der Welt werde ich zulassen, daß der arme alte Kerl noch weiter in den Bergen herumliegt, ohne ein christliches Begräbnis.«

Ganz so hartherzig war der Sheriff auch wieder nicht. Er bot wenigstens seine Hilfe an. Er und D. J. hatten ungefähr die gleiche Figur, und so lieh er D. J. ein paar Jeans, ein Flanellhemd und eine Windjacke, und da D. Js Auto den Weg in die Berge auf keinen Fall schaffen würde – falls man überhaupt von Weg reden konnte, denn von der alten Straße zur Midas-Mine war praktisch nicht mehr als eine ausgewaschene Wagenspur übriggeblieben – stellte der Sheriff D. J. sogar einen Jeep zur Verfügung. Natürlich war es ein alter, klappriger Kasten, aber der Sheriff versicherte D. J., daß er ihn ohne Probleme hin und wieder zurückbringen würde.

So machte D. J. sich also auf den Weg. Die ersten paar Meilen waren gar nicht so schlimm. Aber hinter der Buckswater-Schlucht wurde alles anders. Die erste knifflige Stelle kam, als die Spur einfach im Bachbett des Pinon Creek verschwand. Wohlgemerkt, sie durchquerte das Bachbett nicht etwa, sondern führte darin weiter bergauf. D. J. schaltete auf Allradantrieb um, stieg aus und sah sich die Sache an. Das Bachbett war völlig trocken, felsig und steinig, und so stieg er wieder ein, lenkte den Jeep hinein, klammerte sich um des lieben Lebens willen am Lenkrad fest und hielt durch, bis die Spur etwa eine halbe Meile weiter wieder an der Flanke des Hügels hochkletterte. Dreihundert Meter weit führte sie durch offenes Gelände und dann hinein in ein Espengehölz von beträchtlicher Größe. Die Bäume waren nicht groß, dafür aber standen sie dicht zusammen. D. J. hielt einmal an und sah einer Elchkuh nach, die er aufgeschreckt hatte, und die jetzt panikartig den Berg hinaufflüchtete, aber bis auf diese kurze Unterbrechung war er ständig in Bewegung, langsam und vorsichtig, aber er kämpfte sich Meter um Meter voran. Es hatte in diesem Frühjahr ziemlich viel geregnet, und er kam an ein paar eklige Stellen, wo es dicken, schwarzen Schlamm gab, wirklich verräterisch und gefährlich, und wo er sich seitlich in die Bäume schlagen mußte, vor allem an den Stellen, wo die Spur gefährlich dicht am Abgrund entlang verlief, was sie mehr als einmal tat. D. J. aber war schon immer hartnäckig und zäh gewesen, und er hatte immer dafür gesorgt, daß er in Form blieb, und so kam er durch. Er klammerte sich am Lenkrad des alten Jeep fest, der bockte und rutschte und ihn gnadenlos durchrüttelte, und irgendwie kam er durch.

Die alte Midas-Mine lag hoch oben in einem Tal, das so schön war, wie man es sich nur vorstellen konnte. Eine große, runde Vertiefung, wie eine Schüssel, umgeben von hohen, schneebedeckten Bergen. Der Mount Khufu, der wie eine ägyptische Pyramide aussah; der Ranger, behäbig und würdevoll, vielleicht nicht sonderlich hoch, aber doch mehr als eindrucksvoll; und dann die drei Bären, Mama, Papa und Kind. D. J. war schon seit den guten alten Zeiten nicht mehr hiergewesen, aber alles sah so vertraut aus, daß ihm die Kehle richtig eng wurde. Es war noch zu früh für die wilden Blumen, aber für D. J. war das Tal genauso, wie er es zum letzten Mal gesehen hatte – voller Indianerblumen, Bergmargeriten und Anemonen.

Er hielt an und schaute sich lange um. Weiter im Norden konnte er die niedrige Blockhütte sehen, in der der alte Jake die letzten Jahre seines Lebens verbracht hatte. Nach langer Zeit ließ D. J. den Motor wieder an und machte sich auf den letzten Teil seiner traurigen Mission.

Als er vor der Blockhütte anhielt, kam eine Gestalt um die Ecke. Sie war groß und knochig, trug verwaschene Jeans und einen erbärmlich zerknautschten Hut und hatte eine Schaufel in der Hand. Der Mann blieb stehen und sah zu D. J. herüber. Die Augen in dem tiefbraunen Gesicht blinzelten in die Sonne, die hinter D. J. stand.

»Jake!«

»D. J.? Bist du das? Was machst du denn hier oben?«

D. J. kletterte aus dem Jeep, etwas steifbeinig nach der langen, anstrengenden Fahrt. »Jake! Ich dachte, du wärst tot! Als du am neunzehnten nicht im Buckskin Hotel warst, dachte ich, du wärst tot. Ich bin gekommen, um deine Leiche in die Stadt zu bringen.« Es war nur allzu verständlich, daß D. J. ein bißchen durcheinander und atemlos war.

Jake machte eine Bewegung und spuckte nachdenklich auf den Boden.

»Nun, D. J., es ist so«, sagte er. »Ich habe nachgedacht. Vierzig Jahre lang haben wir uns immer am neunzehnten unten im Buckskin getroffen, und irgendwie hatte ich einfach nicht mehr die rechte Lust dazu. Champagner, jedes Jahr Champagner. Ich mochte das Zeug nie besonders. Es ist mir zu süß. Wenn es wenigstens Whisky gewesen wäre, dann wäre es vielleicht etwas anderes gewesen. Aber es ist ein ganz schön weiter Weg für mich – das hast du ja jetzt wohl selbst gemerkt – und dieses Jahr habe ich einfach gedacht, ich lasse es ausfallen. Es bedeutet mir einfach nicht mehr viel. Verstehst du?« Er legte den grauen Kopf ein bißchen zur Seite, schob den Hut hoch und kratzte sich hinter dem Ohr.

Eine Minute lang sagte D. J. kein Wort. Er hätte es niemals zugegeben, aber die Fahrt machte ihm doch ganz schön zu schaffen, und er war auch an die dünne Bergluft nicht mehr so gewöhnt wie früher. Dann seufzte er.

»Ich bin gekommen, um deine Leiche in die Stadt zu bringen, Jake«, sagte er leise, und er packte die Schaufel, die Jake in der Hand hielt. »Und ich will verdammt sein, wenn ich das nicht tue.« Damit holte er zu einem gewaltigen Schlag aus.

Es war gar nicht einfach, den alten Jake in den Jeep zu schaffen, aber schließlich gelang es ihm doch. Dann trat er einen Schritt zurück, keuchte ein bißchen und klopfte sich den Staub von den Händen.

»Weißt du, Jake«, bemerkte D. J. »ich konnte es noch nie leiden, wenn jemand mich als Lügner hinstellte.«

Originaltitel: CHAMPAGNE AT 10000 FEET. 1/72

Ernest Butner

Letzte Nachrichten

Ein schneller, entsetzter Blick – mehr brauchte er nicht. Dem Mann, der mit verdrehten Gliedern auf der Kreuzung lag, konnte niemand mehr helfen. Joel wirbelte herum und rannte zum Auto zurück.

»Was ist los, Schatz?« fragte Lisa mit vom Alkohol heiserer Stimme. »Warum hältst du an?«

Er antwortete nicht. Er biß die Zähne zusammen, und ein dicker Kloß saß ihm im Hals. Er hatte den Gang schon eingelegt, bevor er die Tür richtig zugezogen hatte, und dann trat sein Fuß hart auf das Gaspedal. Die kraftvolle, hochtourige Maschine des kleinen Sportwagens sprang an, röhrte auf, ein Geräusch, das in der dunklen, verlassenen Straße überlaut klang.

Joel beugte sich über das Steuer. Sein Atem ging keuchend und stoßweise. Im Rückspiegel sah er, daß kein anderes Auto hinter ihnen fuhr. Die späte Nachtstunde und der dünne Schleier kalten Februarnebels waren ihm anscheinend günstig gesinnt. Der feste Griff um das Steuerrad sorgte dafür, daß seine Hände nicht zitterten, aber das wilde Hämmern in seiner Brust hörte nicht auf.

»Wenn du nicht reden willst, meinetwegen«, murmelte Lisa gähnend. »Aber ich wette, ich weiß, weshalb du angehalten hast.«

Ihr Kopf fiel gegen seine Schulter, und er wußte, daß der Alkoholnebel sie wieder voll und ganz umhüllte. Es war ihr Auto, und normalerweise liebte sie es, damit zu fahren, aber heute nacht war sie dazu einfach nicht in der Lage gewesen.

Sie hatte ja auch wirklich guten Grund zum Feiern gehabt, dachte er. Der Film war mehr als anstrengend gewesen. Und so leidenschaftlich begeistert und perfektionistisch wie sie war, konnte er sich gut vorstellen, welche Extraanstrengungen sie für ihre erste Hauptrolle geleistet hatte. Sie hatte keine Zeit gehabt, zu entspannen und auszuruhen, nicht bevor die letzte Szene in Monterey abgedreht war. Und dann hatte sie ihn in einem Ferngespräch zu ihrer Party eingeladen.

»Ich kann nicht gut ablehnen, Joel«, hatte sie gesagt. »Sie machen die Party nur für mich. Es wird nur eine kleine Party werden – ein paar Techniker, ein paar Leute vom Team, aber ohne dich würde es mir bestimmt keinen Spaß machen. Bringst du das Auto mit? Ich würde so gerne damit nach Hause fahren. Eine gemütliche Fahrt die kalifornische Küste entlang macht uns bestimmt Spaß.«

Er hatte sich nur allzugern Urlaub vom Büro geben lassen. Sein langweiliger Angestelltenjob war nicht wichtig, aber mit Lisa Lilly, das wußte er, hatte er alle Chancen. Er hatte sie nach den ersten Schönheitswettbewerben im Mittleren Westen geheiratet und war mit ihr herumgezogen, fest davon überzeugt, daß sie es schaffen würde, und er mit ihr. Jetzt war sie auf dem besten Weg nach oben, und er hatte alle Aussichten, mehr mit ihr zu teilen als nur eine Wohnung in Malibu und den teuren Sportwagen.

Sich nähernde Scheinwerfer rissen Joel aus seinen Träumereien. Er riß das Steuer nach rechts und fuhr in eine dunkle Seitenstraße.

Leise fluchte er vor sich hin. So ein Pech aber auch. Nichts konnte den Mann wieder zum Leben erwecken, der ihm genau vors Auto gelaufen war. Es war nicht seine, Joels, Schuld gewesen, aber er wußte genau, was mit ihm passieren würde. Er war zu schnell gefahren, und das auch noch in nicht ganz nüchternem Zustand. Es konnte Gefängnis bedeuten, wegen fahrlässiger Tötung. Er schauderte.

Über dunkle Seitenstraßen fand er irgendwie den Weg zum Motel. Während er Lisa auszog, dachte er, daß der Weg nach oben für sie ein bißchen zu schnell gewesen war. Sie hatte nicht einmal gelernt, anständig zu trinken, und ihr Kichern reizte ihn, bis er sie schließlich im Bett hatte. Stunden später schlief auch er in einem Sessel ein.

Es kam ihm vor, als seien nur wenige Minuten vergangen, als er sich plötzlich sagen hörte: »Steh auf, Lisa. Wir machen uns besser auf den Weg.«

Sie hob langsam den Kopf. »Oh, mein Kopf«, stöhnte sie. »Wieviel Uhr ist es denn, Joel?«

»Fünf.«

»Morgens?« Mit einem lauten Seufzen sank sie wieder auf das Kissen zurück.

»Meinst du nicht auch, daß wir besser verschwinden sollten, nach dem, was letzte Nacht passiert ist?«

»Letzte Nacht?« Sie sah ihn fragend an. »Was war denn letzte Nacht?«

»Erinnere dich doch, der Rückweg von der Party. Du weißt doch, daß der Mann tot ist.«

Plötzlich saß sie aufrecht im Bett. Sie drückte die Fingerspitzen an die Stirn. »Was? Ich kann mich gar nicht erinnern, daß wir die Party überhaupt verlassen haben. Joel, was soll das heißen, daß jemand tot ist?«

»Es war ein Unfall. Kannst du dich nicht erinnern?«

Als er sah, wie ihr Kopf von einer Seite zur anderen schwankte, bedauerte er es, daß er ihr überhaupt etwas gesagt hatte, aber er hatte keinen Augenblick lang vermutet, daß sie sich nicht erinnern würde. Der Alkohol hatte ihr Gedächtnis ausgelöscht.

Er räusperte sich. Seine Augen wirkten nachdenklich. »Du hast darauf bestanden, selbst zu fahren, Lisa. Und als es passiert war, konnte ich dich einfach nicht dazu bringen, anzuhalten.«

»O nein, Joel, das kann doch nicht sein!«

Sie starrte ihn lange an. Alle Farbe war aus ihren Wangen gewichen. Dann sprang sie aus dem Bett. »Wir müssen zur Polizei. Wir müssen das aufklären.«

»Und was ist mit deinem Ruf, mit deiner Filmkarriere?«

»Zuerst einmal muß ich mit meinem Gewissen leben. Fahrerflucht – es ist einfach schrecklich.«

»Ich werde nicht zulassen, daß du dich selbst ruinierst, Liebling. Dann sage ich eben, daß ich gefahren bin. Ich werde die Schuld auf mich nehmen. Sollen Sie mich doch ruhig für ein paar Jahre ins Gefängnis stecken.«

Genau wie er erwartet hatte, gab sie ein schnelles, verzweifeltes ›Nein!‹ von sich.

Sie fing an, sich anzuziehen. Wieder beklagte sie sich über ihre Kopfschmerzen, und ihre Augen wirkten glasig, aber es kamen keine Tränen.

Joel verstaute die Koffer im Kofferraum und hielt die Tür für Lisa auf – wie üblich auf der Fahrerseite.

Sie schüttelte feierlich den Kopf. »Ich werde mich nie mehr hinter ein Steuer setzen, Joel.«

Auf dem Weg aus der Stadt fragte er sich, ob die Polizei schon irgendwelche Fortschritte gemacht hatte. Er spürte den unwiderstehlichen Drang, so schnell wie möglich und so weit wie möglich wegzukommen. Die nächste Schnellstraße war kürzer und schneller als die Autobahn, und er konnte quer durch die Santa-Monica-Berge fahren, was sie noch früher ans Ziel bringen würde.

»Sollen wir frühstücken, Liebling?«

»Ich könnte keinen Bissen herunterbringen.«

»Eine Tasse Kaffee würde dir bestimmt guttun.«

Sie gab keine Antwort.

»Wie wäre es damit, Lisa?«

»Womit?«

»Mit einer Tasse Kaffee, habe ich gesagt.«

»Nein, danke.«

Dann sah Joel das blitzende Blinklicht dicht hinter ihnen. Sein Körper erstarrte, er konnte nicht mehr atmen. Seine Handflächen fühlten sich feucht an. Er nahm den Fuß vom Gaspedal und fuhr auf den Seitenstreifen.

»Kann ich mal Ihren Führerschein sehen?«

Mit zitternden Fingern fischte Joel den Führerschein aus der Brieftasche. Während der Polizist ihn im Licht seiner Taschenlampe studierte, schluckte Joel schwer und wartete.

»Ihr Scheinwerfer ist nicht in Ordnung.«

»Wenn Sie mir sagen, wo, lasse ich das sofort reparieren.«

Der Polizist gab ihm den Führerschein zurück. »Zwei Kilometer weiter vorn ist auf der linken Seite eine Tankstelle. Aber fahren Sie in jedem Fall hin.«

Wenige Augenblicke später fuhren sie wieder. Nervös flüsterte Lisa: »Joel, er folgt uns immer noch.«

Joel runzelte die Stirn. Es war dumm von ihm gewesen, daß er sich das Auto nicht angesehen hatte, und eine neue Angst rührte sich in ihm. Er wußte nur allzugut, was die Polizei aus einem einzigen Fädchen, einem Stückchen Haut oder einem Haar alles herausfinden konnte. Als er zur Werkstatt abbog, sah er im Rückspiegel, wie der Streifenwagen drehte und denselben Weg zurückfuhr. Seine Rücklichter verschwanden über einen Hügel.

Joel stieg aus und inspizierte den vorderen Teil des Autos, dann war auch schon der Tankwart neben ihm. Das Glas des rechten Scheinwerfers fehlte halb, aber seiner Meinung nach war sonst am Auto nichts Verdächtiges zu erkennen.

»Da ist Ihnen wohl ein Stein gegengeflogen, Mister«, sagte der Tankwart.

»Wahrscheinlich«, sagte Joel. »Können Sie das ersetzen? Und dann muß noch vollgetank werden.«

Der Mann machte sich an die Arbeit. Joel sah ihm mit einem unbehaglichen Gefühl zu. Bestimmt würde man auf der Kreuzung die Splitter des Scheinwerfers finden. Und wenn die Polizei sie dann mit diesem Auto vergleichen würde?

»Fahren Sie nach Süden?«

Joel nickte.

»Da werden Sie die Scheinwerfer wahrscheinlich den ganzen Morgen brauchen. Sie haben einen Sturm an der Pazifikküste gemeldet. Und es hat auch schon angefangen zu regnen.«

Als sie wieder fuhren, sah Lisa ihn von der Seite an. »Joel, du hast gesagt, daß ich nicht angehalten habe. Woher weißt du dann, daß der Mann tot ist?«

»Aus den Nachrichten heute morgen«, sagte er nach kurzem Schweigen. »Du hast noch geschlafen.«

»Als dieser Polizist uns anhielt, hätte ich fast geschrien. Ich weiß nicht, wie lange ich das noch aushalten kann.«

Er sah, daß sie die Hände im Schoß nervös verschlungen hatte, und sagte beruhigend: »Du mußt dich zusammenreißen, Liebling. Natürlich ist es ein Schock. Aber du mußt dir Zeit lassen, es wird vorbeigehen.«

Er fand Musik im Radio, lehnte sich zurück, und während sie über die Schnellstraße schossen, merkte er, wie seine eigene Spannung langsam nachließ. Er war sich Lisas Gefühle für sich ganz sicher, und er wußte, daß sie es schaffen würde, die Nerven zu behalten.

Dann fing der Regen an. Erst tröpfelte es nur, wurde immer stärker und war schließlich ein Wolkenbruch. Der Regen würde alle Spuren vom Wagen abwaschen, dachte er. Er achtete darauf, daß er die Höchstgeschwindigkeit nicht überschritt, bis sie die Raststätte südlich von Santa Barbara erreichten.

»Komm schon, Lisa«, sagte er. »Du wirst dich viel besser fühlen, wenn du etwas im Magen hast.«

Lisa stocherte lustlos in ihrem Thunfischsalat herum. »Ich habe das Gefühl, daß alle uns anstarren.«

»Warum sollten sie das auch nicht«, lachte er. »Du bist schließlich Lisa Lilly, auf dem besten Weg, ein berühmter Filmstar zu werden.«

Sie sah ihn gequält an. »Bitte beeil dich, Joel. Ich will hier weg.«

Der Wetterbericht warnte alle Autofahrer, daß in erhöhten Lagen Schneeketten erforderlich seien und daß die Schneegrenze im Laufe der Nacht beträchtlich tiefer fallen würde, aber Joel hatte die Santa-Monica-Berge immer nur als eine Art karge Hügellandschaft betrachtet. Außerdem hatten sie vor Einbruch der Nacht noch genügend Zeit, die Abkürzung nach Malibu hinter sich zu bringen.

Als sie die Schnellstraße verließen und auf die Bergstraße abbogen, sah Joel Lisa an. Sie hatte die Zähne fest auf die Unterlippe gepreßt und starrte mit weit aufgerissenen Augen auf die schmale Asphaltstraße, die sich an der zerklüfteten Felswand nach oben schlängelte. Er streckte die Hand aus, berührte sanft ihre nervös zusammengekrallten Hände.

»Soll ich langsamer fahren?«

»Das ist es nicht.«

»Wie ich schon sagte, du mußt dir ein bißchen Zeit lassen.«

»Ich versuche es ja, ich versuche es ja!«

Er drehte die Lautstärke höher, um das monotone Wispern der Wischerblätter und des Heizungsgebläses zu übertönen. Sie hatten den Gipfel erreicht, eine felsige Wildnis mit krüppeligem Gestrüpp, und ein böser Wind fuhr fauchend in die Seite des Autos. Er gab mehr Gas, denn er hatte es eilig, die letzten wenigen Kilometer dieser ganz besonders unangenehmen Strecke hinter sich zu bringen.

Und plötzlich war da die Kurve, viel enger, als er erwartet hatte. Erschreckt trat Joel zu hart auf die Bremse, wodurch das Auto ins Schleudern kam. Sein Herz schien stillzustehen, während er darum kämpfte, das Auto wieder unter Kontrolle zu bringen, aber gleichzeitig wußte er, daß es ein sinnloses Unterfangen war, denn auf der verräterisch glatten Straße hatte er keine Chance.

Sie schlitterten auf den nur leicht erhöhten Seitenstreifen, und immer noch fand das Auto keinen Halt. Als er den Stoß spürte, mit dem das Auto über den Rand holperte, merkte er gleichzeitig, wie Lisas Tür aufsprang. Er hörte ihren Schrei, als sie in die Dunkelheit geschleudert wurde.

Die Kühlerhaube des Autos hob sich, und er schloß die Augen. Dann kippte es nach unten, und er starrte voller Entsetzen in die Tiefe des Abgrunds. Wieder schloß er die Augen und klammerte sich verzweifelt am Steuer fest, während das Auto den Abhang hinunterraste. Die Fahrt endete mit einem lauten Scheppern und Krachen, und dann hörte er den Wind und den Regen.

Langsam öffnete Joel die Augen, und er wußte sofort, daß er wie durch ein Wunder nicht verletzt war. Vielleicht hatte er ein paar Kratzer und blaue Flecken abbekommen, aber nichts Ernstes. Es mußte wirklich ein Wunder gewesen sein, das ihn diesen Sturz überleben ließ.

Er lag völlig verkrampft im Sitz. Als er den Kopf hob, sah er, daß das Auto an einem Felsbrocken zum Stehen gekommen war. Es stand wieder auf vier Reifen, aber das Dach war nur noch eine Masse zerquetschten Metalls, das auf ihn heruntergehämmert worden war. Zwischen seinem Körper und dem Dach waren nur wenige Zentimeter Platz.

Ein Felsbrocken hatte sich in die Öffnung gedrückt, die einst Lisas Tür gewesen war. Mit Mühe drehte Joel sich um und drückte gegen die Tür auf seiner Seite, aber sie war völlig verzogen und ließ sich nicht bewegen. Panik überwältigte ihn, als ihm aufging, daß er eingeklemmt war.

»Joel!«

Er spähte aus dem Fenster und sah Lisa, die den Abhang hinunterrutschte. Sie bewegte sich zu geschickt, um verletzt zu sein, und er schloß daraus, daß ihr Sturz aus dem Auto durch die matschige, aufgeweichte Erde gemildert worden sein mußte.

»Mir geht es gut«, versicherte er ihr mit ruhiger Stimme. Jetzt, wo er wußte, daß sie dazu in der Lage war, Hilfe zu holen, verschwand seine Panik. »Aber ich denke, daß ich aus dem Auto herausgeschweißt werden muß.«

Sie stand keuchend neben dem Auto und starrte in sein Gesicht. Ihre Kleider waren verdreckt und durchnäßt, und der Regen klebte ihr das Haar dicht an den Schädel.

Er fand ihren Mantel und streckte ihn ihr durch den schmalen Spalt entgegen. »Du mußt ein Auto anhalten, Lisa, und Hilfe holen. Sag ihnen, daß sie einen Schweißbrenner mitbringen müssen, um mich hier rauszuschneiden.«

Lange sah sie ihn schweigend, mit weit aufgerissenen Augen an. Dann nahm sie den Mantel, zog ihn über und begann, wieder zur Straße hinaufzuklettern. Der zweite Schock für diesen Tag, dachte er, während er hinter ihr hersah.

Gott sei Dank, daß er nicht allein im Auto gewesen war. Von der Straße aus konnte man das Wrack auf keinen Fall sehen, dafür war der Sturz zu tief gewesen. Es war keine Leitplanke da, keine Leitplanke, die zerfetzt war und darauf hinweisen würde, daß es einen Unfall gegeben hatte. Und die Reifenspuren waren wahrscheinlich schon jetzt vom Regen weggewaschen worden. Außerdem würde kein Autofahrer es wagen, in einer so gefährlichen Kurve anzuhalten. Joel wußte, daß es Wochen oder sogar Monate dauern konnte, bevor jemand das Wrack bemerken würde.

Aber jetzt konnte er sich auf Lisa verlassen und ohne Panik warten. Sie würde bestimmt schnell nach Malibu kommen oder schon vorher ein Telefon finden. Aber andererseits gab es hier in der Gegend nur wenige Häuser, und die waren um diese Jahreszeit wahrscheinlich nicht bewohnt.

Der Wind pfiff durch das Unterholz und jagte Joel die Regentropfen ins Gesicht. Wasser tropfte auf die Polsterung. Es sickerte durch seine Jacke und seine Hose und stach seine Haut wie mit eisigen Nadeln. Er hustete. Seine Brust war verkrampft, und sein Hals wurde rauh. Sein Atem bildete weiße Schwaden.

Er dachte wieder an Lisa. Wie weit war sie inzwischen wohl gekommen? Er lauschte, strengte seine Ohren an, hoffte auf das Geräusch eines Motors, das Quietschen von Reifen, aber die wütenden Elemente übertönten alle anderen Geräusche.

Die Wolken wirkten dunkler und tiefer, schienen fast die Spitzen der Berge über ihm zu berühren. Joel hob den linken Arm und starrte auf die verbogenen Zeiger und das zersplitterte Glas seiner Uhr. Die Zeiger standen reglos auf drei Uhr fünfzehn. Er hatte keine Ahnung, wie lange er schon hier lag, aber seine Kleider waren inzwischen durch und durch naß. Er spannte seine Wangenmuskeln an, und das Klappern seiner Zähne hörte auf.

Der kurze Februartag machte der Dunkelheit Platz. Sein Körper fühlte sich starr und taub an, das schmerzhafte Zittern hörte auf, und er fragte sich vage, was wohl mit Lisa los war. Wieso hatte sie noch niemanden zu ihm geschickt? Das Fieber brannte in seinen Wangen, die Augen fielen ihm zu.

Eine kaum hörbare Stimme drang durch die dicken, schwarzen Watteschichten, die sein Bewußtsein umnebelten. Hoffnung flammte in Joel auf, bis er mit einem Stich der Enttäuschung merkte, daß die Stimme aus dem Radio kam.

Das Radio war die ganze Zeit über angewesen, aber so leise, daß er es wegen des Sturms nicht hatte hören können. Jetzt, nachdem der Wind nachgelassen hatte, und falls die Batterie noch stark genug war, konnte er die Lautstärke vielleicht so weit aufdrehen, daß ein vorbeifahrendes Auto ihn hören konnte.

Langsam streckte er die Hand aus. Es regnete nicht mehr, es schneite. Die Schmerzen in seinem Fleisch waren bis auf die Knochen vorgedrungen, und schon die einfache Armbewegung war eine Folter. Seine Finger suchten in der Dunkelheit, fanden schließlich den Lautstärkeregler. Er drehte, so weit er konnte, aber die Batterie war so schwach, daß er kaum die Nachrichten hören konnte:

»Starlet Lisa Lilly wurde heute am frühen Abend ins Krankenhaus in Malibu eingeliefert. Ihr Zustand wird als ernst beschrieben. Miss Lilly wurde von der Polizei gefunden, wie sie ziellos über die Autobahn von Malibu wanderte, und alle Fragen nach dem Verbleiben ihres Mannes beantwortete sie bisher nur mit unzusammenhängendem Gestammel . . .«

Originaltitel: FINAL NEWS REPORT. 11/69

Bill Pronzini

Ein kalter Tag im November

Bodega Bay ist ein kleines Fischerdorf an der Küste Kaliforniens, etwa fünfundsechzig Meilen nördlich von San Francisco. Das Dorf, die relativ große Bucht gleichen Namens und ein Komplex mehrerer Gebäude, der The Tides genannt wurde, erlangten vor mehreren Jahren nationale Berühmtheit, als Alfred Hitchcock seinen spannungsgeladenen Film »Die Vögel« dort drehte. Seitdem ist in den Frühlings- und Sommermonaten immer ziemlich viel los in Bodega Bay. Feriengäste verbringen ihren Urlaub dort, Busladungen voll Touristen schwärmen durch die Straßen, Bewohner der umliegenden Städte kommen an freien Tagen zu Besuch und zahlreiche selbsternannte Angler und Fischer reisen an und prahlen vor den gelangweilten Besitzern der Leihboote damit, welche Rekordlachse sie zu fangen beabsichtigen – woraus natürlich nie etwas wird. In den Wintermonaten jedoch haben die Einheimischen ihr Dorf wieder für sich allein, und dann erweckt Bodega Bay fälschlicherweise den Eindruck, ein geruhsames, altmodisches Fleckchen Erde zu sein, fernab jeder Zivilisation.

Es standen nur drei Autos auf dem großen Parkplatz, um den The Tides gruppiert ist, als ich an einem kalten, grauen Montagmorgen im November dort ankam. Der Nebel, der um diese Jahreszeit Bodega Bay fast ständig in seine grauen Schwaden hüllt, war naß wie Regen.

Ich parkte vor dem »Anker«, einer Kombination aus Bar und Restaurant. Ein eisiger Wind, durchsetzt von nassen Nadeln, fegte mir ins Gesicht, als ich ausstieg, und ich klappte den Mantelkragen hoch und zog den Hut tiefer ins Gesicht. Einen Augenblick lang blieb ich zitternd stehen und warf durch das Fenster einen Blick ins Innere des Restaurants. Nur zwei der alten, mit Kupferbeschlägen versehenen Tische waren besetzt, und auch an der Bar am hinteren Ende des Raumes waren keine Gäste zu sehen. Ich fragte mich, ob es sich unter diesen Umständen überhaupt lohnte, den Winter über offen zu halten, aber das mußte wohl der Fall sein, sonst hätten sie bestimmt zugemacht.

Direkt neben der Fensterfront führte ein Torbogen in einen Hof. Ich durchquerte ihn und ging an den runden Betontanks vorbei, die jetzt leer waren, in denen jedoch im Sommer Fische gehalten wurden, und betrat eine langgezogene Lagerhalle zur Linken. Hölzerne Tische zum Ausnehmen und Verpacken der Fische nahmen eine ganze Längswand ein. Ansonsten befanden sich im Raum noch mehrere große, wuchtige Karren mit übergroßen Rädern aus Metall, kleinere Handkarren, Stapel hölzerner Paletten, Reihen von Metallschränken, zwei große Gefrierkammern, eine große Waage und zahllose weiß angestrichene Wasserrohre. Es roch penetrant nach Fisch und Salzwasser.

An anderen Ende des Raumes war ein junger Mann in Turnschuhen, ehemals weißen Jeans und einem verschlissenen Sweatshirt dabei, den Boden mit einem Schlauch abzuspritzen. Ich ging auf ihn zu. Als ich fast bei ihm war, drehte er sich um und stellte das Wasser ab. Er hatte braune Augen und dichtes Haar, das er in die Stirn gekämmt trug. Auf seinem Sweatshirt war in großen, rosafarbenen Buchstaben der Name »Stanford University« aufgedruckt.

Die Beschreibung, die man mir gegeben hatte, paßte auf ihn, und die Schrift auf dem Sweatshirt war eine weitere Bestätigung. Timothy Culhane hatte mir in der vorigen Woche gesagt, daß sein Sohn Mark und Steve Litchik zusammen die Stanford-Universität in Palo Alto besucht hätten, und ein gemeinsamer Bekannter der beiden, den ich in San Francisco aufgespürt hatte, hatte mir dann mitgeteilt, daß die beiden zusammen nach Bodega Bay gegangen seien, um auf den Lachskuttern zu arbeiten.

Ich blieb stehen und fragte: »Steve Litchik?«

Er sah mich abschätzend an. Seine braunen Augen wirkten wachsam, als rechne er damit, ich wolle ihm eine Versicherung andrehen. »Ja?«

Ich nannte ihm meinen Namen und fügte hinzu: »Man hat mir gesagt, daß Sie ein Freund von Mark Culhane sind.«

Er runzelte die Stirn. »Ja? Und?«

»Können Sie mir sagen, wo Mark ist?«

»Weshalb wollen Sie das wissen?«

»Seine Eltern hätten gern gewußt, wo er sich aufhält«, sagte ich. »Sie haben seit August nichts mehr von ihm gehört, seit er ihnen gesagt hat, er wolle mit Ihnen an die Küste fahren.«

Das Stirnrunzeln wurde stärker. »Das ist aber merkwürdig«, sagte er. »Mark hatte ein ziemlich gutes Verhältnis zu seiner Familie. Er hat sich immer mindestens einmal im Monat bei ihnen gemeldet.«

»Ja«, sagte ich. »Können Sie mir jetzt sagen, wo ich ihn finde?«

»Ich weiß nicht, wo er ist.«

»Ist er denn nicht in Bodega Bay?«

Litchik schüttelte den Kopf. »Schon seit ungefähr anderthalb Monaten nicht mehr.«

»Hat er Ihnen nicht gesagt, wo er hinwollte?«

»Nein.«

»Wieso nicht?«

»Er ist ziemlich überraschend weggegangen.«

»Wie überraschend?«

»Den einen Tag war er noch hier, und am nächsten war er schon verschwunden«, sagte Litchik.

»Haben Sie vor seiner Abreise noch mit ihm gesprochen?«

»Das letzte Mal am Nachmittag davor. Wir tranken zusammen Bier.«

»Und er hat nichts davon gesagt?«

»Nein, nichts.«

»Kam es Ihnen nicht ein bißchen seltsam vor, als Sie merkten, daß er verschwunden war?« fragte ich. »Schließlich waren Sie doch miteinander befreundet.«

»Das schon«, antwortete Litchik. »Aber Mark war ziemlich impulsiv. Wenn er es sich in den Kopf gesetzt hatte, abzuhauen, dann brachte er es durchaus fertig, das auch unverzüglich zu tun. So war er nun einmal.«

Ich nickte. »Und welchen Eindruck machte er auf Sie am Nachmittag davor? War er aufgeregt? Nervös? Oder sonst irgendwie verändert?«

»Nein, er war genauso wie immer.«

Ich zündete mir eine Zigarette an und steckte das Streichholz in meine Manteltasche. »Was ist mit seinen Sachen? Hat er sie alle mitgenommen?«

»Das kann ich Ihnen nicht sagen.«

»Haben Sie denn nicht zusammen gewohnt?«

»Nein«, sagte Litchik. »Das heißt, am Anfang schon, als wir im

August hier ankamen. Aber dann hat Mark diese Sherry Davidian kennengelernt und ist umgezogen.«

Ich dachte darüber nach. »Er lebte mit einem Mädchen zusammen?«

»Nein, so habe ich das nicht gemeint«, sagte Litchik. »Sherrys Eltern haben am Berg eine Pension. Sie hatten ein Zimmer frei, und Mark wollte wohl in ihrer Nähe sein. Er hat seine ganze freie Zeit mit ihr verbracht.«

»Ich verstehe«, sagte ich. »Wieso sind Sie nicht mit ihm umgezogen, Steve?«

»Die Zimmer da oben sind gerade groß genug für einen«, sagte Litchik, »und sie hatten nur ein einziges frei.«

»Was haben Sie denn dabei empfunden, daß Mark Sie so einfach alleingelassen hat?«

Er zuckte die Schultern. »Das war doch allein seine Sache.«

»Hatten Sie und Mark sich vorher die Unkosten geteilt?«

»Ja.«

»Aber dann war es doch eine zusätzliche Belastung für Sie, als Sie auf einmal die Miete allein zahlen mußten.«

»Ja, schon«, antwortete Litchik, »aber ein Zimmer kostet hier nicht viel, und auch das Essen ist preiswert.«

»Haben Sie beide sich trotzdem noch getroffen, nachdem Mark in die Pension umgezogen war?«

»Wenn er nicht mit Sherry zusammen war«, sagte Litchik. Ein Anflug von vielleicht Ärger zeigte sich in seinen Augen. »Aber hören Sie mal, worauf wollen Sie eigentlich hinaus?«

Ich beschloß, die Sache auf sich beruhen zu lassen. »Auf nichts«, sagte ich. Ich sah mich um und suchte einen Aschenbecher. Nachdem er gerade den Boden abgespritzt hatte, wollte ich die Zigarette nicht einfach austreten.

Litchik sah es und verzog die Lippen zu einem leisen Lächeln. »Machen Sie ruhig«, sagte er. »Ich muß sowieso noch einmal drübergehen.«

Ich erwiderte sein Lächeln, ließ die Zigarette fallen und zertrat sie mit dem Absatz. Als ich wieder hochsah, bemerkte ich, daß der Anflug von Ärger aus seinen Augen verschwunden war. »Noch eine Frage, Steve. Können Sie mir sagen, wo Mark gearbeitet hat?«

»Als wir hier ankamen, fing er als Aushilfe bei einem der kommerziellen Lachsfischer an.«

»Bei welchem?«

»Auf der *Kingfisher«,* sagte Litchik. »Das ist das Boot von Andy Michaelis.«

»Und wo finde ich diesen Michaelis?«

»Drüben bei den Hellingen, auf der anderen Seite der Bucht. Normalerweise macht er da fest, und einer der Kollegen hat vorhin zu mir gesagt, daß er Michaelis drüben gesehen hat. Er repariert wohl gerade etwas an seinem Boot.«

Ich nickte. »Wie lange hat Mark für diesen Michaelis gearbeitet?«

»Bis zum Saisonende.«

»Und dann?«

»Dann arbeitete er als eine Art Mädchen für alles für Guido Rigazzo, in der Rigazzo Fish Company.«

»Und wo ist das?«

»Etwa eine Meile weiter die Bucht entlang, auf dieser Seite«, sagte Litchik. »Sie sehen es, wenn Sie auf die Hauptstraße kommen.«

Ich kaute nachdenklich auf meiner Unterlippe herum. »Haben Sie irgendeinen dieser Leute gefragt, ob sie wüßten, wo Mark abgeblieben ist?«

»Na klar«, sagte er. »Sobald ich merkte, daß er weg war. Aber auch von denen wußte keiner was.«

»Wie haben Sie übrigens gemerkt, daß Mark weg war?«

»Mr. Rigazzo rief mich an, am Morgen nachdem Mark abgehauen war. Er wollte wissen, ob ich wüßte, wo er ist, weil er nicht zur Arbeit erschienen war.«

»Wie hat Sherry Davidian Marks Verschwinden aufgenommen?«

»Sie war ganz schön fertig«, sagte er. »Ich glaube, sie war wirklich in Mark verliebt, und sie konnte es einfach nicht fassen, daß er sich auf diese Art aus dem Staub gemacht hat.«

»Glauben Sie, daß Mark auch in Sherry verliebt war? Ich meine ernsthaft?«

»So wie er sich verhalten hat, dachte ich eigentlich, er wäre es. Aber das kann er wohl nicht gewesen sein, oder?«

»Das ist eine gute Frage.«

Ich ließ mir von Steve den Weg zur Pension der Davidians beschreiben und bedankte mich bei ihm für seine Hilfe. Gerade als ich mich umdrehen wollte, um zu gehen, fragte er noch: »Hören Sie, Sie glauben doch nicht, daß Mark etwas zugestoßen ist, oder? Ich meine, ich habe mir keine großen Gedanken darüber gemacht, als er plötzlich verschwand, aber wo Sie sagen, daß er sich seitdem nicht einmal bei seinen Eltern gemeldet hat –«

In seinen Augen lag etwas, das nur echte Besorgnis sein konnte. Ich versuchte ein beruhigendes Lächeln. »Lassen Sie uns das Beste hoffen, Steve.«

»Werden Sie mir Bescheid sagen, wenn Sie etwas herausfinden?«

»Sie können sich darauf verlassen.«

»Danke.« Er fuhr sich mit der Zunge über die Lippen, und ich dachte, er wollte noch etwas sagen, aber er drehte nur den Schlauch wieder an und machte sich daran, den Boden abzuspritzen. Ich war mir nicht ganz sicher, aber ich hatte das Gefühl, daß seine Schultern zusammengezogen waren, als friere er, was am Anfang unseres Gesprächs nicht der Fall gewesen war.

Ich verließ ihn und ging in die Gaststätte. Meine Füße fühlten sich an, als sei ich schon eine ganze Woche lang durch nassen Schnee gelaufen, und trotz des dicken Mantels fror ich. Ich hatte noch nicht gefrühstückt, und eine Tasse Kaffee und ein Sandwich schienen mir jetzt genau das Richtige zu sein. Nach meiner Uhr war es fast Mittag.

Ich setzte mich an einen der Tische und bestellte bei der ältlichen Kellnerin schwarzen Kaffee und einen Schinken-Käse-Toast. Sie brachte den Kaffee in unglaublich kurzer Zeit, und ich nippte daran und rauchte eine Zigarette und dachte ein bißchen nach, kam aber zu keinem Ergebnis.

Der Toast kam, und ich aß mit Appetit und bestellte noch einen Kaffee. Meine Füße tauten auf, und ich fror nicht mehr. Ich ließ fünfzig Cents für die Kellnerin als Trinkgeld auf dem Tisch liegen, bezahlte die Rechnung bei dem müde aussehenden Kassierer und ging zu meinem Auto.

Ich ließ den Motor an und blieb einen Augenblick lang reglos sitzen, dann fuhr ich zur Hauptstraße zurück und wandte mich nach Norden.

Die Rigazzo Fish Company war in einem langgestreckten, schmalen Gebäude untergebracht, das ein gutes Stück in die Bucht hinausragte. Ein verwittertes graues Schild bestätigte mir, daß ich hier richtig und daß Guido Rigazzo der Besitzer des Unternehmens war. Auf dem kiesbedeckten Parkplatz an einer Seite des Gebäudes standen zwei uralte verrostete Motorwinden, zwischen ihnen zwei ebenfalls alte und offensichtlich vielbenutzte Lieferwagen und eine staubige grüne Limousine, Baujahr 1950.

Ich stellte mein Auto ab und ging auf das Gebäude zu. Ich rüttelte an der Tür, aber sie war verschlossen, und so ging ich um die Ecke herum, von wo aus ein schmaler Laufsteg an der Seite des Gebäudes entlangführte. Ich ging ihn entlang, sah auf das graue Wasser hinab, das gegen die Pfeiler brandete, und kam zu einem leicht ansteigenden Dock. Von dort aus ragte eine hölzerne Mole in sehr schlechtem Zustand sechzig bis siebzig Meter ins Wasser hinaus. Am Ende war ein einsames Fischerboot festgemacht.

Ein hochgewachsener, blonder junger Mann in karierter Jacke und Gummistiefeln machte sich in der Nähe des Eingangs des langgestreckten Gebäudes an einem Fischernetz zu schaffen. Ich ging zu ihm und fragte, wo ich Guido Rigazzo finden könnte.

»Wahrscheinlich ist er in seinem Büro.«

»Und wo ist das?«

»Drinnen, links.«

»Danke«, sagte ich. Ich ging durch die rostige Eisentür hinein. Das Lagerhaus sah fast genauso aus wie das, in dem Steve Litchik arbeitete, bloß war es hier voller. Einen Teil der einen Wand nahm eine Reihe von Maschinen ein, die mit Fließbändern miteinander verbunden waren, und in einer Ecke stand ein riesiger Drahtkäfig mit einer hölzernen Tür, in dem Kisten aufgestapelt waren. Links von mir befand sich eine andere Tür, die wohl in das Büro führen mußte.

Ich klopfte an, und eine rauhe Stimme fragte: »Wer ist da?«

Ich öffnete die Tür und steckte den Kopf in den Raum. Ein nur mittelgroßer, aber kräftig gebauter Mann in einer Windjacke saß hinter einem mit Papieren überhäuften Schreibtisch. Vor ihm lag ein aufgeschlagenes Kontobuch, und hinter dem rechten Ohr steckte ein Bleistift. Der Mann hatte grobe Gesichtszüge und olivfarbenen Teint, und das blauschwarze Haar ringelte sich in pomadigen Löckchen. Er sah mich mit seegrünen Augen an, die kleine gelbe Punkte hatten. Irgendwie wirkten sie fast elektrisch geladen, und ich hatte das merkwürdige Gefühl, wenn er wütend war, würden Funken daraus sprühen.

»Mr. Rigazzo?« sagte ich.

»Ja?«

»Hätten Sie vielleicht einen Augenblick Zeit für mich?«

»Worum geht's denn?«

»Um einen Ihrer ehemaligen Angestellten.«

»Welchen?«

»Mark Culhane.«

Er klappte das Kontobuch zu und lehnte sich zurück. »Was haben Sie mit ihm zu tun?«

»Ich wurde beauftragt, ihn zu suchen. Ich bin Privatdetektiv.« Ich nannte ihm meinen Namen und sagte ihm, ich käme aus San Francisco.

»Wer hat Sie engagiert?«

Es paßte mir nicht, daß er derjenige war, der die Fragen stellte. Deshalb sagte ich knapp: »Spielt das wirklich eine Rolle, Mr. Rigazzo?«

»Nein, das tut es nicht«, antwortete er schnell und sah mich entschuldigend lächelnd an. »Ich war nur neugierig. Steckt der Junge in irgendwelchen Schwierigkeiten?«

»Nicht daß ich wüßte«, sagte ich, und da ich keinen Grund dazu sah, ihm nicht zu sagen, wer meine Auftraggeber waren, fügte ich hinzu: »Marks Eltern haben mich beauftragt, ihn zu suchen. Sie haben schon seit über drei Monaten nichts mehr von ihm gehört, und natürlich machen sie sich Sorgen um ihn.«

»Oh, das kann ich verstehen.«

»Ich wäre Ihnen sehr dankbar, wenn Sie mir weiterhelfen könnten.«

»Ich glaube nicht, daß ich Ihnen viel sagen kann.«

»Können Sie sich nicht denken, wohin er gegangen ist? Hat er vielleicht eine Andeutung gemacht?«

Er bewegte die kräftigen Schultern. »Ach, wissen Sie, diese jungen Leute heutzutage. Einen Tag sind sie hier, bleiben vielleicht eine Weile, und dann ziehen sie weiter, wie – wie sagt man noch?«

»Wie Nomaden«, ergänzte ich.

»Ja, wie Nomaden.«

»Wann haben Sie Mark zum letzten Mal gesehen, Mr. Rigazzo?«

»Am Zweiten des letzten Monats, glaube ich. Als er Feierabend machte.«

Ich zog meine Brieftasche aus der Innentasche des Mantels, klappte den kleinen Kalender auf und sah nach. »Der zweite war ein Mittwoch«, sagte ich.

»Das stimmt. Es war an einem Mittwoch.«

»Wie oft zahlen Sie Ihre Angestellten aus, Mr. Rigazzo?«

Er runzelte die Stirn. »Einmal die Woche. Warum?«

»An welchem Tag?«

»Freitags.«

»Dann standen Mark ja noch drei Tage Lohn zu. Hat er Sie am Mittwoch abend darum gebeten?«

»Nein«, sagte Rigazzo. »Warum sollte er?«

»Wenn er vorgehabt hat, am nächsten Tag zu verschwinden, wäre es doch nur natürlich gewesen, wenn er sich sein Geld abgeholt hätte. Meinen Sie nicht auch?«

Rigazzo fuhr sich mit der Zunge über die Lippen. »Daran habe ich noch überhaupt nicht gedacht.« Aus einer Schublade seines Schreibtischs holte er eine kurze, grünlich aussehende Zigarre hervor und fing an, sie langsam auszuwickeln. »Vielleicht hatte er sich noch nicht dazu entschlossen wegzugehen, als ich ihn das letzte Mal sah. Vielleicht hat er sich das erst später überlegt.«

»Vielleicht«, sagte ich. »Hat Mark irgend etwas gesagt oder getan, woraus man schließen könnte, daß er vorhatte, Sie zu verlassen?«

»Nein«, sagte Rigazzo. »Ich war ziemlich überrascht, als er am Donnerstag nicht auftauchte, denn bis dahin war er immer pünktlich gewesen. Ich habe dann seinen Freund angerufen, diesen Steve Soundso, der in The Tides arbeitet, aber der wußte auch nicht, wo der junge Culhane sein könnte.«

»Und was haben Sie dann getan?«

»Was hätte ich denn schon tun sollen? Als er auch am Freitag nicht kam, dachte ich mir, er hätte sich einfach aus dem Staub gemacht. Sie wissen ja, diese jungen Leute heutzutage. Und damit hatte sich der Fall für mich erledigt.«

Ich nickte. »Wie lange hat Mark für Sie gearbeitet, Mr. Rigazzo?«

»Etwas über drei Wochen.«

»Könnten Sie mir vielleicht sagen, worin seine Arbeit bestanden hat?«

»Saubermachen, Botengänge und so weiter.«

»Waren Sie zufrieden mit ihm?«

»Sicher«, sagte Rigazzo. »Er war ein guter Mitarbeiter.«

»Er hatte eine Vorliebe für Boote, nicht wahr?«

»Das sagte er, als er sich bei mir bewarb.«

»Glauben Sie, daß es ihm hier gefallen hat?«

»Ich denke schon, ja.«

»Es gab also keine Schwierigkeiten, die ihn dazu veranlaßt haben könnten, Hals über Kopf zu verschwinden? Zumindest nicht hier bei der Arbeit?«

Er schüttelte den Kopf. »Nein, wir sind wirklich gut miteinander ausgekommen.«

»In Ordnung, Mr. Rigazzo«, sagte ich. »Vielen Dank, daß Sie sich soviel Zeit für mich genommen haben. Ich will Sie jetzt nicht länger stören.«

Er stand auf und streckte mir die Hand hin. Ich schüttelte sie. Er sagte: »Hoffentlich finden Sie ihn bald.«

»Das hoffe ich auch, Mr. Rigazzo.«

»Wenn ich noch etwas tun kann, lassen Sie es mich wissen.«

»Danke, das werde ich bestimmt tun.«

Ich ging durch die Lagerhalle zurück auf das Dock hinaus. Der blonde Junge war immer noch mit dem Fischernetz beschäftigt. Ich bog um die Ecke und ging über den Laufsteg zu meinem Auto zurück.

Der Himmel war jetzt sehr dunkel, und der Wind frischte auf. Bestimmt würde es bald anfangen zu regnen.

Die Straße, die um den nördlichen Teil der Bucht zum Bodega Head führte, war relativ neu und in gutem Zustand. Trotzdem fuhr ich langsam. Der Nebel war auf dieser Seite dichter, und die Sicht war sehr begrenzt.

Als ich vor den Hellingen ankam, parkte ich mein Auto an der gegenüberliegenden Böschung und überquerte die Straße. Ich betrat die Rampe, die hinausführte, und ging mit gesenktem Kopf weiter, die Hände tief in die Taschen meines Mantels gesteckt. Ich fühlte den eisigen Wind im Gesicht, meine Augen fingen an zu tränen, und einmal mußte ich stehenbleiben, mein Taschentuch nehmen und mir die Augen trocknen.

Es lagen nur wenige Boote vor Anker. Im Heulen des Windes ging das Knirschen, mit dem sie sich gegen die Bretter rieben, fast unter. Es sah nicht so aus, als wäre auch nur eine Menschenseele hier, und ich fragte mich schon, ob Steve Litchik sich vielleicht geirrt hatte, als er mir sagte, Andy Michaelis arbeite hier an seinem Boot. Mir kam es vor, als sei dies ein mehr als ungünstiger Tag für welche Reparaturen auch immer.

Ich hatte fast schon das Ende der Rampe erreicht, als ich auf einem der Boote zu meiner Rechten eine Bewegung bemerkte. Ich blinzelte hinüber, wobei ich mir schützend die Hand über die Augen hielt. Nur mit Mühe konnte ich die Schrift am Bug ausmachen: *Kingfisher,* und darunter: *Bodega Bay.*

Ich kletterte eine kurze, metallene Leiter hinunter auf das schwankende Anlegeponton und tastete mich vorsichtig bis zum Ende vor. Ein hochgewachsener, muskulöser Mann, nur mit einem T-Shirt und Jeans bekleidet, kniete an Bord des Bootes. Sein zu langes Haar flatterte im Wind wie die Mähne eines Pferdes im vollen Galopp. Er hatte die Motorverkleidung hochgeklappt, neben ihm stand ein geöffneter Werkzeugkasten, und danben lag auf einem Stück Segeltuch ein Sortiment verschieden großer Schraubenschlüssel. Ich konnte den Motor zwar sehen, hatte aber keine Ahnung, was der Mann gerade tat.

Ich trat so nahe wie möglich an das Boot heran und versuchte, mir über dem Heulen des Windes Gehör zu verschaffen. »Ahoi!« schrie ich. »Ahoi!«

Er drehte sich um, einen großen Schraubenschlüssel, den er gerade benutzt hatte, in der Hand. Sein T-Shirt war vorn völlig verdreckt und ölverschmiert, genauso wie seine Hände und Arme. Er hatte ein jungenhaftes Gesicht, das Frauen bestimmt sehr anziehend fanden, bloß die Lippen, die jetzt vor Kälte fast violett waren, verzogen sich ungehalten und mißmutig und verdarben den positiven Eindruck. Ich fragte mich, was er wohl damit beweisen wollte, daß er bei dieser Kälte keine Jacke trug.

Er sagte: »Was, zum Teufel, wollen Sie?«
»Sind Sie Andy Michaelis?«
»Und wer sind Sie?«
Ich schrie ihm meinen Namen zu. »Darf ich an Bord kommen?«
»Wozu?«
»Ich möchte gern mit Ihnen reden.«
»Dafür habe ich jetzt keine Zeit.«
»Es wird nicht lange dauern.«
»Ich habe zu tun.«
»Es ist aber wichtig.«
»Ein andermal, Freundchen«, sagte er. »Verschwinden Sie jetzt.«
So langsam fing er an, mir auf die Nerven zu gehen. Mir mißfiel seine Unhöflichkeit, sein unverschämter Ton und überhaupt sein ganzes Gehabe. »Hören Sie, Freundchen«, sagte ich mit gereizter Stimme, »ich habe auch etwas zu tun. Ich bitte Sie nur um ein paar Minuten Ihrer kostbaren Zeit. Danach können Sie sich wieder an die Arbeit machen, und ich werde so schnell wie möglich verschwinden, was uns beide glücklich machen wird.«
Seine Augen verengten sich. »Wer, zum Teufel, sind Sie überhaupt?«
»Ich bin Privatdetektiv und auf der Suche nach Mark Culhane. Man hat mir gesagt, daß er im September eine Zeitlang für Sie gearbeitet hat, und jetzt –«
Mit einer einzigen fließenden Bewegung sprang er auf und blieb mit gespreizten Beinen auf dem schlingernden Boot stehen. Als ich den Namen Mark Culhane aussprach, war etwas Dunkles und Undefinierbares über sein Gesicht gezogen. Er biß knirschend die Zähne zusammen und ballte eine Faust. »Sie haben dreißig Sekunden Zeit, sich zum Teufel zu scheren«, preßte er hervor.
Ich fühlte, wie mir die Wut die Kehle zuschnürte. »Und was passiert dann?«
»Wenn Sie das unbedingt wissen wollen, können Sie ja warten.«
Ich blieb reglos stehen. Wir starrten uns an. Er war mir um etwa zwanzig Jahre und dreißig Pfund überlegen, aber ich bezweifelte, daß er in Judo so gut war wie ich. Bestimmt wäre ich mit ihm fertig geworden, aber im Grunde sah ich nicht ein, weshalb ich es darauf ankommen lassen sollte.

Mit mühsam beherrschter Stimme sagte ich also: »Ich werde noch mal bei Ihnen vorbeischauen, Michaelis.«

»Tun Sie das lieber nicht.«

Ich drehte mich um und ging langsam über den Anlegeponton zur Rampe zurück. Ich sah mich nicht mehr nach ihm um. Diese Genugtuung wollte ich ihm nicht gönnen.

Die Pension, in der Mark Culhane gewohnt hatte, war ein zweistöckiges Gebäude an der Straße, die sich den Hügel hinter der Bucht hinaufschlängelte. Man hatte eine herrliche Aussicht auf Bodega Head, den Hafen und den Pazifik dahinter – oder vielmehr, man hätte eine herrliche Aussicht gehabt, wenn es nicht so neblig gewesen wäre. So konnte man nur vage, surrealistische Formen erkennen, wie in einem Traum. Merkwürdigerweise war der Wind hier oben nicht so stark.

Ich parkte vor dem Haus und folgte einem schmalen Pfad, der durch einen See von zinnoberrotem, rosafarbenem und lavendelblauem Eisenkraut führte. Als ich die Veranda fast erreicht hatte, kam ein Mädchen von etwa zwanzig Jahren um die Ecke des Hauses.

Sie war ungefähr einen Meter sechzig groß, schlank und zart gebaut, und sie trug Bluejeans und eine dicke Jacke mit Pelzkragen. Sie hatte kurzes, flachsblondes Haar, über das sie einen leuchtend grünen Schal gebunden hatte. Ihre Wangen waren von der Kälte gerötet, und sie sah strahlend gesund aus. In der rechten Hand trug sie einen Eimer.

Als sie mich sah, blieb sie stehen, stellte den Eimer ab und blickte mich fragend an. Sie lächelte. Es war ein warmes, freundliches, ansteckendes Lächeln. »Hallo«, sagte sie, als ich auf sie zuging.

Auch ich lächelte sie an. »Hallo.«

»Falls Sie ein Zimmer suchen, muß ich Sie leider enttäuschen. Wir haben nichts mehr frei.«

»Nein, ich suche kein Zimmer.«

»Nun, dann hoffe ich, daß Sie nichts verkaufen wollen. Meine Leute mögen so etwas nicht.« Ihr Ton klang entschuldigend.

Ich schüttelte den Kopf. »Nein, ich bin gekommen, um mit Ihnen zu sprechen. Das heißt, falls Sie Sherry Davidian sind.«

»Bin ich«, sagte sie leichthin. »Aber weshalb wollen Sie ausgerechnet mich sprechen? Worum geht es denn?«

Ich stellte mich vor und sagte: »Ich möchte mit Ihnen über Mark Culhane sprechen.«

Ihr Lächeln verblaßte. Sie preßte die Lippen zu einem harten, entschlossenen Strich zusammen, aber in ihren Augen lagen Kummer und Trauer. Ich glaube den Augen, nicht den Lippen. »Ich habe nichts über ihn zu sagen«, sagte sie.

Ich fühlte mich sehr unbehaglich. »Haben Sie vielleicht eine Ahnung, wo er sein könnte?«

»Nein, und es ist mir auch egal.«

»Er wird vermißt.«

Ein fragender Ausdruck legte sich über ihr Gesicht. »Vermißt?«

»Niemand scheint zu wissen, wo er geblieben ist.«

»Weshalb suchen Sie ihn überhaupt?«

»Ich bin Privatdetektiv aus San Francisco. Marks Eltern haben mich gebeten, ihn zu suchen. Sie haben schon seit drei Monaten nichts mehr von ihm gehört.«

»Aber ich dachte –« Ihre Stimme verklang.

»Was dachten Sie, Sherry?«

Sie holte tief Luft. »Ich dachte, Mark sei zu seinen Eltern zurückgegangen.«

»Nach Hause?«

»Ja.«

»Wieso dachten Sie das?«

»Ich weiß nicht«, sagte Sherry. Einen Augenblick lang senkte sie die Augen. »Nein, das stimmt nicht. Ich dachte, er sei wegen mir zurück nach Hause gegangen.«

»Und weshalb sollte er das tun?«

Ihre Augen blitzten. »Weil ich ihn liebte. Weil ich wollte, daß er mich heiratet.«

Ich ließ meinen Blick über das Eisenkraut wandern und trat verlegen von einem Fuß auf den anderen. »Wollte Mark sie heiraten, Sherry?« fragte ich sehr sanft.

»Er sagte, natürlich wolle er das«, antwortete sie. »Aber er wollte noch ein paar Jahre damit warten, bis wir älter wären. Aber er fand es ganz in Ordnung, daß wir –«

Ich räusperte mich und sagte schnell: »Haben Sie sich wegen der

Heirat gestritten?«

»Ein bißchen.«

»Oft?«

»Ein paarmal.«

»Und wann haben Sie Mark das letzte Mal gesehen, Sherry?«

»Am Abend bevor er – bevor er gegangen ist.«

»Mittwoch abend? Am zweiten Oktober?«

»Ja.«

»Hatten Sie an dem Abend Streit?«

»Nein, Streit kann man das nicht nennen.«

»Weshalb denken Sie dann, daß er nach Hause gefahren ist?«

»Ich – ich weiß auch nicht. Auf jeden Fall dachte ich das. Weshalb wäre er sonst so schnell verschwunden?«

»Erzählen Sie mir, was an jenem Mittwochabend passiert ist«, sagte ich. »Hat Mark irgend etwas gesagt oder angedeutet, daß er weggehen würde?«

»Nein.«

»Würden Sie mir vielleicht erzählen, worüber Sie gesprochen haben?«

»Hauptsächlich über die Party.«

»Party?«

»Wir wollten am nächsten Tag nach Rio Nido fahren, am Russian River«, sagte Sherry. »Ich kenne dort ein paar Leute, und Mark und ich waren zu dieser Party eingeladen. Das Wetter war noch ziemlich warm.«

Ich nickte. »Sonst noch etwas?«

»Eine ganze Menge Kleinigkeiten, wie das eben so ist«, sagte sie. »Wir fuhren nach Jenner und wieder zurück, weil es ein schöner Abend war, und wir haben uns einfach so miteinander unterhalten. Nichts besonderes.«

Ich runzelte die Stirn. »Ich wußte gar nicht, daß Mark ein Auto hatte.«

»Wir haben uns das meiner Eltern geliehen«, sagte Sherry. »Sie mochten Mark, und –« Wieder verklang ihre Stimme, und sie mußte schlucken.

Ich sagte: »Sind Sie nach der kleinen Fahrt ins Blaue hierher zurückgekommen?«

»Ja.«

»Wann war das ungefähr?«
»So gegen halb elf.«
»Sind Sie gleich ins Haus gegangen?«
»Ich schon.«
»Und Mark?«
»Er ist noch zu Mr. Rigazzo gegangen.«

Ich war gerade dabei, die Zigarettenpackung aus meiner Manteltasche zu ziehen. Meine Hand erstarrte. »Was haben Sie gerade gesagt?«

»Mark ist noch zu Mr. Rigazzo gegangen«, wiederholte sie. »Er wohnt in Carmet. Wir hatten auf dem Rückweg von Jenner bei ihm gehalten, aber er war nicht daheim, und Mark nahm an, er mache vielleicht Überstunden und sei noch in der Fabrik. Zuerst wollten wir dort vorbeifahren, aber es wurde langsam spät für mich, und Mark sagte, es würde ihm nichts ausmachen, zu Fuß hinzugehen, weil es eine so schöne Nacht war.«

Langsam fuhr ich mir mit der Zunge über die Lippen. »Weshalb wollte Mark denn noch mit Mr. Rigazzo sprechen?«

»Er wollte ihn fragen, ob er den Donnerstag freihaben könnte«, sagte Sherry, »um mit mir zur Party in Rio Nido zu fahren. Ich hatte erst am Mittwoch abend davon erfahren und es Mark nicht früher sagen können. Er war sicher, daß Mr. Rigazzo ihm den Tag freigeben würde.«

»Und das war das letzte Mal, daß Sie Mark gesehen haben? Als er wegging, um mit Mr. Rigazzo zu sprechen?«

»Ja.«

»Noch eine Frage, Sherry. Waren Marks Sachen verschwunden, als Sie in seinem Zimmer nachsahen?«

»Er hatte ja nicht viel bei sich, nur Wäsche zum Wechseln und einen alten Anzug und ein paar Toilettenartikel.«

»Er hat seine Sachen also nicht mitgenommen?«

»Nein«, antwortete sie. »Das ist auch ein Grund, weshalb ich dachte, er sei nach Hause gegangen. Er hatte mir gesagt, daß er zu Hause noch die meisten seiner Sachen hätte.«

Einen Augenblick lang überlegte ich schweigend, dann sagte ich: »Schön, Sherry. Sie waren mir eine große Hilfe. Vielen Dank.«

Sie legte mir die Hand auf den Arm. Ihre Augen wirkten jetzt besorgt. »Sie – Sie glauben doch nicht, daß –«

Ich wußte, was sie sagen wollte. »Machen Sie sich keine Sorgen«, sagte ich in einem Ton, von dem ich hoffte, daß er beruhigend wirkte. »Ich werde ihn bestimmt bald gefunden haben.«

»Aber Sie sehen jetzt so grimmig aus.«

Ich lächelte und legte ihr die Hand auf die Schulter. »Ich melde mich wieder, sobald ich etwas Näheres weiß.«

»Versprechen Sie mir das?«

»Natürlich.«

Ich drehte mich zum Gehen um, und Sherry sagte leise: »Also dann, auf Wiedersehen.«

»Auf Wiedersehen«, antwortete ich. »Und machen Sie sich keine Sorgen.« Dieses Mal klang es ziemlich lahm, und es war wirklich das Beste, so schnell wie möglich hier zu verschwinden.

Als ich mein Auto erreichte, drehte ich mich noch einmal um. Sherry Davidian stand noch immer am selben Fleck, eine sehr kleine und sehr traurige Gestalt in der Farbenpracht des blühenden Eiskrauts.

Rigazzos Fischfabrik war geschlossen, als ich ein paar Minuten später dort ankam. Einer der Lieferwagen und das grüne Auto waren verschwunden. Ich parkte und ging um das Gebäude herum zum Dock, aber die verrosteten Eisentüren waren verschlossen und verriegelt.

Ich ging zu meinem Auto zurück und fuhr ein paar Meilen über die Highway 29, bis ich an eine Telefonzelle kam, direkt neben einem Imbiß, der in der Saison frische Krabben verkaufte, aber jetzt für den Winter geschlossen war.

Ich rief die Auskunft an, weil es in der Zelle kein Telefonbuch gab. Tatsächlich war ein Guido Rigazzo in Carmet eingetragen. Ich notierte mir die Nummer und seine Adresse, bedankte mich bei der Auskunft und rief anschließend Guido Rigazzos Nummer an. Ich ließ es fünfzehnmal klingeln und hängte dann ein, steckte meine Münze ein und ging zum Auto zurück.

Dort blieb ich eine Zeitlang sitzen. Was jetzt? Ich wollte noch einmal mit Rigazzo sprechen. Ich hatte so eine Idee, eine Ahnung, wenn Sie so wollen, die mir keine Ruhe ließ. Aber es war eben nur eine Ahnung, und es wäre dumm gewesen, danach zu handeln, ohne vorher nicht wenigstens versucht zu haben, irgendeine Bestätigung zu finden.

Und noch etwas hielt mich zurück – die Hoffnung, daß ich mich vielleicht irrte.

Schließlich aber ließ ich doch den Motor an und fuhr los. Die Dunkelheit brach schnell herein, und ich mußte die Scheinwerfer einschalten. Der Nebel war immer noch dicht, aber der Wind schien sich gelegt zu haben. Ich fragte mich, ob es noch regnen würde. Ein Blick auf die Uhr verriet mir, daß es fast fünf war.

Obwohl sich niemand am Telefon gemeldet hatte, beschloß ich, nach Carmet zu fahren. Ich hatte nicht die leiseste Ahnung, wo ich mich sonst nach Guido Rigazzo umsehen sollte.

Carmet war ein großzügig angelegter, wohlhabend aussehender Ort, in dem hauptsächlich Rentner und Pensionäre wohnten, die hier ihren Lebensabend verbrachten. Schließlich fand ich auch Rigazzos Haus, das im Blockhausstil gebaut war, aber es war dunkel und verlassen. Die Garage nebenan war offen, und ich konnte sein Auto sehen, neuestes Modell. Ich klingelte ein paarmal, erhielt aber keine Antwort. Wo immer Rigazzo auch war, er war offensichtlich mit einem der Lieferwagen unterwegs, die ich vor der Fischfabrik gesehen hatte.

Also fuhr ich wieder nach Bodega Bay zurück. Inzwischen war es völlig dunkel geworden, und ich hielt ein paar Meilen nördlich von The Tides an einem Café an und bestellte etwas zu essen. Während der Fahrt hatte ich noch gedacht, ich sei hungrig, aber als das Essen kam, brachte ich nichts hinunter. Es lag nicht an der Qualität. Ich verließ das Café, fuhr zum Motel in The Tides und nahm mir ein Zimmer.

Dort ließ ich mich auf mein Bett fallen und rauchte eine Zigarette nach der anderen. Dann stand ich wieder auf und lief im Zimmer auf und ab. Ich war ruhelos, konnte nicht stillsitzen. Ich hätte mich nach Rigazzo umsehen sollen, ich hätte anfangen müssen, alle möglichen Leute zu befragen. Irgend jemand mußte schließlich wissen, wo Rigazzo stecken konnte.

Im Zimmer stand ein Tauchsieder und eine Büchse Pulverkaffee. Ich machte mir eine Tasse, trank sie und rauchte noch mehr Zigaretten. Dann legte ich mich wieder aufs Bett, schloß die Augen und überdachte noch einmal alles sehr sorgfältig. Trotzdem kam ich nur wieder zu denselben Schlußfolgerungen. Wenn ich doch nur –

Ich setzte mich auf. Es war mir etwas eingefallen. Ich mußte gar nicht mit Rigazzo reden. Wenn ich recht hatte, würde ich sowieso nichts aus ihm herausbekommen. Es gab noch einen anderen Weg, einen einfacheren Weg, mir Gewißheit zu verschaffen.

Ich zog den Mantel an. Ich wußte genau, wenn ich jetzt noch zögerte, wenn ich jetzt über alle Folgen nachdachte, dann würde ich es nicht machen, dann würde ich es nicht durchführen, und ich mußte es wissen.

Ich sah auf meine Uhr. Es war schon halb elf.

Dichter Nebel hüllte Rigazzos Fischfabrik ein. Das Gebäude sah drohend und düster aus, und meine Schritte klangen unnatürlich laut in der Stille, die nur von dem Klatschen des Wassers gebrochen wurde. Ich hatte mein Auto fünfhundert Meter weiter am Straßenrand stehengelassen und war langsam und mit einer sonst ungewohnten Heimlichtuerei hierher gegangen.

Ich erreichte die Front des Gebäudes und blieb im Schatten stehen. Ich zitterte. Ich war nervös. Ich war früher bei der Polizei gewesen. Ich hatte eine tiefe Achtung vor dem Gesetz. Einbruch ist ein schweres Vergehen. Wenn ich erwischt wurde –

Na und? Ich verdrängte diesen unangenehmen Gedanken, wandte mich der Tür zu und drehte den Griff. Die Tür war immer noch verschlossen, aber etwas anderes hatte ich auch nicht erwartet. Wenn ich in das Gebäude hineinwollte, mußte ich es von hinten versuchen.

Ich ging die Vorderfront des Gebäudes entlang, wobei ich versuchte, mich ständig im Schatten zu halten, und betrat den schmalen Laufsteg. Vorsichtig bewegte ich mich über die schlüpfrigen Planken und dachte mit Schaudern an das tiefschwarze Wasser unter mir. Ich erreichte das Dock und blieb einen Augenblick lang stehen, den Rücken an die Wand des Lagerhauses gelehnt. Durch den Nebel konnte ich das Pier sehen. Jetzt lagen zwei Boote am Ende vertäut.

Mein Herz klopfte laut und unregelmäßig. Trotz der Kälte brach mir der Schweiß aus. Die Handflächen fühlten sich feucht und klebrig an. Ich näherte mich der verrosteten Eisentür und bückte mich, um das Schloß zu untersuchen. Sanft drückte ich dagegen, dicht über dem Schloß. Ein leises Klappern war zu hören. Ich richtete mich wieder auf. Durch diese Tür würde ich nicht kommen, ohne halb Bodega Bay aufzuwecken.

Ich ging zur anderen Seite des Gebäudes. Keine Türen oder Fenster. Ich ging zurück zur Eisentür, blieb stehen und atmete ein paarmal tief durch. Es hatte keinen Zweck. Ich machte mir selbst etwas vor. Wie schon die ganze Zeit. Das einzig Richtige war, hier schleunigst zu verschwinden, mich ins Bett zu legen und bis morgen früh zu warten. Dann konnte ich mit Rigazzo reden, sehen, was ich aus ihm herausbekam, und dann –

Das Geräusch, als ein Lieferwagen von der Straße abbog und auf dem Parkplatz vor dem Gebäude fuhr, war nicht zu erkennen.

Ich erstarrte und spitzte die Ohren. Zwei Türen schlugen fast gleichzeitig.

Ich sah mich verzweifelt um, aber es gab keine Möglichkeit, ungesehen vom Dock zu verschwinden – außer ich ließ mich ins eisige Wasser der Bucht fallen, und diese Möglichkeit schloß ich von vornherein aus. Jetzt konnte ich schon das laute Geräusch von Schritten auf dem Laufsteg hören. Ein paar Schritte links von mir standen ein paar Tonnen aufgestapelt. Ich sprang dahinter und duckte mich. Mein Herz hämmerte. Ich hielt den Atem an.

Der Nachtwind trug mir die Stimmen zu. Zuerst waren sie irgendwie körperlos und nicht zu verstehen, aber je näher die beiden Personen, wer immer es auch war, kamen, desto klarer wurden die Worte.

»– gefällt mir einfach nicht, kann ich dir sagen.«

»Es gefällt dir also nicht. Du hast doch den Wetterbericht gehört. Der Sturm wird erst gegen Morgen aufkommen.«

»Zum Teufel mit dem Wetterbericht. Es wird auch so rauh genug sein, wenn wir erst im offenen Wasser sind.«

Jetzt kamen die beiden in Sicht, erst nur dunkle Schatten. An der Ecke blieben sie stehen. Ich konnte ihre Gesichter nicht erkennen, aber das brauchte ich auch nicht. Die Stimmen verrieten mir genug. Guido Rigazzo und Andy Michaelis.

Rigazzo sagte: »Wie läuft sie denn jetzt? Okay?«

»Ich habe schließlich den ganzen Tag daran gearbeitet.«

»Weshalb bist du denn so gereizt?«

»Weil ich finde, wir sollten es ausfallen lassen. Deshalb.«

»Ich habe dir doch erklärt, was Bannister am Telefon gesagt hat. Sie bringen hundert Kisten rein. Was sollen sie denn damit tun, wenn wir sie nicht abholen?«

»Ist mir doch egal.«

Einen Augenblick lang herrschte Schweigen. Dann sagte Rigazzo: »Hör mal, du machst dir doch nicht etwa Sorgen wegen diesem Schnüffler?«

»Es gefällt mir einfach nicht, daß er hier herumspioniert.«

»Er wird nichts rauskriegen.«

»Das sagst du.«

»Was kann er denn schon rauskriegen?«

»Was mit dem jungen Culhane passiert ist – das kann er rauskriegen.«

»Kein Wort darüber«, sagte Rigazzo scharf. »Der Junge hat sich einfach aus dem Staub gemacht. Mehr wissen wir nicht.«

»Es gefällt mir trotzdem nicht«, sagte Michaelis.

»Du willst doch nicht etwa aussteigen und mir alles allein anhängen?«

»Wenn du das glaubst, Rigazzo.«

»So hört es sich an –«

Die beiden gingen jetzt über das Pier, und ich konnte den Rest nicht verstehen, aber ich hatte genug gehört. Während ich hinter den Tonnen kauerte und lauschte, packte mich der wahnsinnige Wunsch, mich auf sie zu stürzen, aber ich zwang mich dazu, ganz ruhig zu bleiben. Ich sah ihnen nach. Sie gingen zu einem der Boote und bestiegen es. Bestimmt war es Andy Michaelis' *Kingfisher.*

Kurz darauf hörte ich das Tuckern eines Dieselmotors. Die *Kingfisher* entfernte sich vom Pier und verschwand in der Bucht. Sie sah aus wie eines dieser unheimlichen Phantomschiffe, über die so viel in Seemannsgarn gesponnen wird. Ohne Lichter durchpflügte die *Kingfisher* den Nebel.

Ich kam hinter den Tonnen hervor, rannte über den Laufsteg, den Parkplatz und dann weiter zur Straße. Schon im Laufen suchte ich meinen Schlüssel hervor. Ich setzte mich hinter das Steuer und brauste mit quietschenden Reifen los.

Den Blick fest auf den Mittelstreifen gerichtet und die Hände um das Lenkrad geklammert, raste ich dahin. Zehn Minuten später erreichte ich die Einfahrt zum Doran-Park, und weitere fünfzehn

Minuten später hatte ich endlich die schmale, gewundene, von Sanddünen begrenzte Straße hinter mir und hielt vor dem Gebäude der Küstenwache von Bodega Bay an.

Ich rannte hinein, hielt dem überraschten Seemann, der gerade Dienst hatte, meinen Ausweis unter die Nase, und redete mit wahnsinniger Geschwindigkeit auf ihn ein. Endlich wurde ich dann zum wachhabenden Offizier geführt, einem jungen, blonden, schläfrig aussehenden Mann namens Fitzpatrick.

Ich erzählte ihm meine Geschichte – was ich gehört hatte, was ich herausgefunden hatte, was ich vermutete. Er sah nicht mehr ganz so schläfrig aus. Er ließ mich alles noch einmal aufsagen, während er sich meinen Ausweis ansah und zwischendurch Fragen stellte. Als er schließlich davon überzeugt war, daß ich ihm keinen Bären aufbinden wollte, befahl er mir, zu bleiben wo ich war, und eilte aus dem Raum.

Ich ging rauchend in seinem Büro auf und ab, bis er wenige Minuten später zurückkam. Er setzte sich auf die Kante seines Schreibtischs und sagte mir, was gerade unternommen wurde, und daß er den Sheriff angerufen habe, und er schon auf dem Weg sei, und daß wir jetzt nichts tun könnten als warten.

Wir sprachen alles noch einmal gründlich durch, und dann brachte einer seiner Männer Kaffee. Ich rauchte, bis ich keine Zigaretten mehr hatte und mir ein Päckchen von Fitzpatrick leihen mußte. Immer wieder sah ich auf die Uhr. Die Zeit schien gar nicht vergehen zu wollen.

Es war schon nach halb zwei, als der Anruf endlich kam.

Ich stand neben Fitzpatrick im Funkraum, als er ihn entgegennahm. Eines der beiden Patrouillenboote, die er ausgeschickt hatte, hatte die *Kingfisher* vor wenigen Minuten aufgebracht, etwa fünf Meilen von der Küste entfernt. Offensichtlich war sie auf dem Weg zurück nach Bodega Bay.

Die Männer vom Patrouillenboot waren an Bord gegangen und hatten Rigazzo und Michaelis in Gewahrsam genommen. Michaelis hatte Widerstand geleistet, und sie hatten ihn überwältigen müssen. Der Offizier sagte nicht, was er getan hatte und wie sie ihn überwältigt hatten.

Was er noch sagte, war, daß seine Männer im Laderaum hundert Kisten geschmuggelten kanadischen Whiskys gefunden hatten. Ich lächelte zufrieden.

Fitzpatrick, ein Mann namens Cooper, der sich als Sheriff vorstellte, und ich warteten, als sie Rigazzo und Michaelis an Land brachten. Michaelis hatte ein Pflaster auf der rechten Wange. Als er mich sah, begann er zu fluchen und mich zu beschimpfen. Rigazzo war verstockt und stumm, aber seine grüngelben Augen blitzten.

Die beiden wurden in einen anderen Teil des Gebäudes geführt. Fitzpatrick und Sheriff Cooper begleiteten sie. Ich bat nicht darum, bei der Vernehmung dabeisein zu dürfen, und man bot es mir auch nicht an. Ich wartete in Fitzpatricks Büro.

Es war schon nach vier, als Fitzpatrick endlich wiederkam. Ich döste in einem Sessel. Vorher war ich zu erregt gewesen, um an Schlaf auch nur zu denken, aber der Haß der beiden Festgenommenen hatte alle Spannung verfliegen lassen, und ich fühlte mich nur noch leer und ausgebrannt.

Es hatte eine Weile gedauert, sagte Fitzpatrick, aber schließlich hatten sie doch ein Geständnis bekommen. Sie hatten sich auf Michaelis konzentriert – Rigazzo weigerte sich, auch nur ein Wort ohne seinen Anwalt zu sagen –, und unter Druck hatte Michaelis ihnen schließlich alles gesagt.

Es war fast genauso, wie ich es mir gedacht hatte, obwohl ich natürlich die Einzelheiten erst von Fitzpatrick erfuhr.

Rigazzo und Michaelis gehörten zu einem kleinen Schmuggelring, der Whisky aus Kanada ins Land brachte. In unterschiedlichen Abständen fuhren sie mit Michaelis' Boot hinaus – etwa einmal im Monat –, trafen sich auf offener See mit einem Schiff und luden das Zeug um. Dann brachten sie den Whisky in Rigazzos Fischfabrik, wo er ein bis zwei Tage gelagert wurde – so kurz wie möglich, um das Risiko so klein wie möglich zu halten. Dann wurde der Whisky per Lieferwagen zu den verschiedenen Abnehmern im Norden Kaliforniens verfrachtet.

Michaelis hatte Cooper und Fitzpatrick den Namen des Kontaktmannes genannt – es war ein Kanadier namens Bannister –, und es war ziemlich klar, wie die ganze Sache funktionierte. Fitzpatrick hatte das andere Patrouillenboot auf die Suche nach dem kanadischen Schiff geschickt, aber bis jetzt war es noch nicht gefunden worden. Fitzpatrick schien sich darüber keine großen Sorgen zu machen. Er hatte genug Informationen, die Organisation trotzdem zu zerschlagen, und im Zuge dieser Aktion würde er auch das Schiff kriegen.

Für Michaelis und Rigazzo war alles glatt gelaufen, bis zum zweiten Oktober. Sie hatten an jenem Abend wieder eine Ladung abgeholt und waren schon in der Fischfabrik, als Mark Culhane dort erschien, um sich bei Rigazzo einen freien Tag zu erbitten, damit er mit Sherry zur Party fahren konnte.

Offensichtlich hatte Mark einen Teil ihrer Unterhaltung mitgehört, hatte Angst gekriegt und versucht, wegzulaufen. Rigazzo und Michaelis hatten ihn gesehen, es kam zu einem Handgemenge, und Mark Culhane stürzte auf den Betonboden der Lagerhalle. Dort blieb er liegen und rührte sich nicht mehr. Sie drehten ihn um. Er hatte Blut am Hinterkopf. Er war tot.

Rigazzo hatte Michaelis beruhigt, der, wie er sagte, einen schlimmen Schock hatte, und sie hatten lange miteinander geredet. Rigazzo hatte gesagt, sie könnten nur eines tun, nämlich die Leiche verschwinden lassen und so tun, als sei Mark einfach weggefahren. Sie fuhren in jener Nacht noch einmal hinaus und versenkten Marks Leiche im Meer.

Es war auch alles gutgegangen, bis ich auftauchte. Ich stieß auf eine Menge Dinge, die einfach nicht zueinander paßten, und ich hatte all die kleinen Informationen zusammengesetzt und daraus geschlossen, daß etwas nicht stimmt.

Es war fast sechs Uhr morgens, als ich die Küstenwache verließ. Ich wollte Steve Litchik nicht sehen, und erst recht nicht Sherry Davidian, und am wenigsten wollte ich zurück nach San Francisco fahren und Mr. und Mrs. Timothy Culhane sehen – aber genau das würde ich tun müssen.

Ich würde sie alle sehen, und ich würde allen sagen müssen, was mit einem netten Jungen namens Mark Culhane geschehen war, der nichts getan hatte, außer daß er zur falschen Zeit am falschen Ort gewesen war.

Originaltitel: A COLD DAY IN NOVEMBER. 11/69

Mary Costantin

Die Hexe von Harrowgate

Ich heiße Ken Wenks. Ich bin Kanadier von Geburt, Journalist von Beruf, und seit ich irgendwann nach London gekommen bin, habe ich mich hier fest niedergelassen. So gut gefällt es mir hier. In über zehn Jahren habe ich mir umfassende Kenntnisse der komplizierten Verhältnisse in Westminster angeeignet und habe dieses Fachwissen dazu benutzt, mir eine feste Anstellung bei mehreren nordamerikanischen Zeitschriften zu sichern, wobei die nächste immer besser war als die vorherige. Für meine journalistischen Tätigkeiten werde ich ganz anständig bezahlt.

Als Rob MacKenzie, vielgelesener Autor von Taschenbuchkrimis, verdiene ich jedoch ganz beträchtlich mehr, selbst dann noch, nachdem das Finanzamt den Rahm abgeschöpft hat. Ich konnte ebenfalls die Bekanntschaft einer Verehrerin meiner Werke machen. Es handelt sich um Shelagh O'Keeffe. Ah, Shelagh! Sie kommt aus Irland und ist wunderschön, außerdem aus halbadeliger Familie und die mehr als erfolgreiche Besitzerin eines Antiquitätengeschäfts und Unternehmens für Innenausstattungen in einem der vornehmsten Gegenden von Chelsea.

Shelagh überzeugte mich davon, daß ich einen Teil meines Geldes in Immobilien anlegen müßte. In Häusern. Oder, für den Anfang, in einem Haus. Der ursprüngliche Plan lautete, daß ich ein Haus kaufen, sie es mit meinem Geld einrichten und ausstatten und ich es dann mit einem hübschen Profit minus Shelaghs zehnprozentigem Anteil an einen amerikanischen Millionär oder so etwas ähnliches weiterverkaufen würde. Das Haus war noch nicht einmal erstanden, als ich bereits einen zweiten Plan ausbrütete: sobald es fertig eingerichtet und ausgestattet war, würde das Haus der ideale Ort sein, wo Mr. und Mrs. Kenneth Wenks einen eigenen Hausstand gründen könnten, wobei Shelagh die Mrs. sein sollte. Shelagh – so herrlich rotes Haar! So wunderbar grüne Augen!

Nun, ganz so einfach war es nicht. Im Gegenteil. Auf der Suche nach dem Haus hielt ich den Blick gerichtet auf alles, was älter war als zweihundert Jahre, während Shelagh, um es milde auszudrükken, etwas vorschwebte, das moderner war als 1984. Eine merkwürdige Neigung, höre ich Sie schon sagen, bei einer jungen Frau, die ihren Lebensunterhalt mit antiken Möbeln und Kleinkunst verdient. In Wahrheit jedoch hat sie den größten Teil ihres Vermögens als Innenarchitektin mit fortschrittlichstem Touch verdient – Plastikmöbel, Krokostoffe und abwaschbare Tapeten.

Was war zu tun?

Noch bevor ich auf diese Frage antworte, höre ich bereits die empörten Ausrufe: »Chauvinistenschwein!« Ich jedoch sehe mich eher als Student menschlicher Schwächen. Shelaghs Schwäche liegt darin, daß sie so etwas wie ein Snob ist. Sie ist der Meinung, daß ein Martinicocktail, gemixt mit amerikanischen Ingredienzien aus dem PX oder U.S. Airforce, einem ganz normalen Martini haushoch überlegen ist. An einem sternenklaren Abend verführte ich sie mit diesem Elixier, und schließlich erklärte sie sich damit einverstanden, mir allein den Kauf des Hauses zu überlassen, wofür ich dann ihr allein die Inneneinrichtung überlassen würde. Nach einem weiteren Martinicocktail obiger Zusammensetzung ließ sie sich sogar dazu überreden, bei ihrer Inneneinrichtung die Queen-Anne- und anderen Möbel früherer und späterer Epochen zu berücksichtigen, die ich in meiner kleinen Wohnung angesammelt hatte.

Endlich befreit von Shelaghs Wunsch nach riesigen Glasfronten, war es doch nicht einfach, ein passendes Haus zu finden. Nur allzu schnell hatte ich alle Immobilienmakler abgeklappert.

»Es muß nur ein bißchen in Schuß gebracht werden. Das ist alles. Eine Kleinigkeit.« So sprach ein ehemaliger Etonschüler und versuchte mir ein Bootshaus an der Themse zu verkaufen, das seit dem großen Feuer von 1666 nicht mehr benutzt worden war.

»Trendy, Süßer, sehr trendy«, verkündete ein modisch gekleideter Londoner im schönsten Cockney, als er mir einen Speicher in Whitechapel andrehen wollte, der noch vor kurzem eine Kleiderfabrik beherbergt hatte, an die noch obszöne Kritzeleien an den Wänden der einzigen, stinkenden, höchst primitiven Toilette erinnerten.

»Natürlich wäre es möglich, daß das Gebrüll der Löwen nachts ein bißchen störend wirkt«, sagte eine überaus vornehme Maklerin, der man ansah, daß diese Tätigkeit weit unter ihrer Würde lag, als sie mir ein Reihenhaus in Regents Park zeigte. »Vor allem, wenn Sie kleine Kinder haben. Aber die Besitzer verlangen so schrecklich viel dafür, daß Sie wahrscheinlich sowieso vor Kummer und Sorgen über die Finanzierung nicht werden schlafen können.«

An einem Morgen, an dem ich die Hoffnung praktisch schon aufgegeben hatte, sah ich die Anzeige in der *Times*. Nachdem ich die Abkürzungen mit Mühe dechiffriert hatte, stellte ich fest, daß ein Haus in Hampstead, einem meiner Lieblingsbezirke, zum Verkauf angeboten wurde. Ein unglaublicher Glücksfall, der nur darauf zurückzuführen war, daß ein unglaublich kompliziertes Testament nicht anders vollstreckt werden konnte. Ich wußte, daß ein Haar in der Suppe sein mußte, denn ein Haus in Hampstead, das ungefähr zum zehnten Mal in den letzten dreihundert Jahren trendy, Süßer, trendy geworden ist, läßt sich problemlos durch Mundpropaganda verkaufen, und der Besitzer kann sich die teure Anzeige in der *Times* sparen, aber ich machte die Augen zu und rief die Nummer an, die in der Anzeige stand.

Die Adresse des Hauses lautete Jolly Row Nummer elf.

Ich mußte es einfach haben. Schon allein die roten Ziegelmauern hatten es mir angetan, und dabei hatte ich die wunderschönen Innenräume noch gar nicht gesehen. Ein fröhliches, helles Erdgeschoß, in dem Wohn- und Eßzimmer lagen, die jeweils die ganze Tiefe des Hauses einnahmen, oben mehrere geräumige Schlafzimmer und, am Ende des kleinen Flurs, ein kleines Zimmer mit Blick auf den unkrautüberwucherten Garten. Es würde ein ideales Arbeitszimmer für mich abgeben.

Das Haar in der Suppe machte sich schon bald bemerkbar. Es handelte sich um den Preis, den der glückliche Erbe verlangte. Der Preis war unnatürlich hoch, wenn man bedachte, daß das Haus so lange leergestanden hatte, aber trotzdem gerade noch annehmbar.

Eine Zeitlang spielte ich ein Geduldsspiel und hoffte, damit den Preis zu drücken. Ich schickte einen Architekten hin, der in Bewunderung ausbrach beim Anblick der Konstruktion, des Schieferdachs und der kupfernen Wasserleitungen, und der sich erbot, seine Arbeiten für fast nichts auszuführen, wenn ich ihm nur ermöglichen würde, an einem solchen Schatzkästchen zu arbeiten. Auch meine Haushälterin sah sich das Haus an. Sie sagte, die Dienstbotenräume seien so gemütlich, daß sie höchstens ein paar

Tage brauchen würde, um mir ausreichend Personal zu beschaffen.

Auf der Grundlage all dieser wohlklingenden Zureden überreichte ich dem bisherigen Besitzer einen Scheck und zog schon nach kürzester Zeit in »mein Haus« um. Shelagh machte sich unverzüglich an die Arbeit im Wohn- und Eßzimmer, und obwohl ich umgeben war von teetrinkenden Arbeitern, die erst in zweiter Linie daran interessiert schienen, die Böden herauszureißen und neue Teppiche zu verlegen, und obwohl Shelaghs moderner Kram, der sich auch im ersten Stock ausbreitete, mich ein bißchen störte, mußte ich zugeben, daß ich ein glücklicher Mann war.

Dieser angenehme Zustand dauerte jedoch nicht lange.

Nachdem ich in meinem erst spärlich eingerichteten Arbeitszimmer bis nach Mitternacht gearbeitet hatte, kroch ich eines Nachts todmüde ins Bett, aber schon kurze Zeit später wurde ich wieder aufgeschreckt durch einen orkanartigen Sturm, der sich plötzlich erhob. Die Fenster klapperten so energisch, daß ich fast das Gefühl hatte, der Sturm wolle ins Haus eindringen. Durch das Tosen des Sturms hörte ich auf einmal ein lautes Klopfen an der Tür. Zuerst dachte ich, ein Laden habe sich gelöst, denn schließlich war das Haus immer noch nicht im perfekten Zustand, aber schon bald ließ sich nicht überhören, daß jemand wirklich mit aller Gewalt gegen die Haustür hämmerte.

Ich schlüpfte in meinen Morgenmantel und in die Pantoffel, wobei mir wie im Zeitraffer alle grauslichen Geschehnisse durch den Kopf schossen, die ich mir als Rob MacKenzie je ausgedacht hatte, eilte die Treppe hinunter und betätigte die verschiedensten Riegel und Schlösser, um die Tür schließlich einen Spalt weit zu öffnen.

Es war niemand da.

Das Klopfen war jedoch so drängend gewesen, daß ich bis auf die Straßen hinausging, um mich umzusehen. Aber die Jolly Row war so ruhig und friedlich wie ein ungeöffnetes Grab.

»Überarbeitet«, sagte ich zu mir selbst, als ich die Treppe zur Haustür wieder hinaufstieg. Als ich die Tür öffnete, pfiff ein solcher Windstoß heran, daß ich im wahrsten Sinne des Wortes in die Diele geschleudert wurde. Fluchend und meinen blauen Fleck reibend, den mir die Natur bösartigerweise zugefügt hatte, kroch ich wieder ins Bett. Der Sturm tobte mit voller Kraft weiter, und noch dreimal tappte ich hinunter, um auf das Klopfen die Tür zu öffnen. Schließlich kam ich zu dem Schluß, daß irgendein Trunkenbold aus der Nachbarschaft mir einen Streich spielte, der genau wußte, wie weit mein Schlafzimmer von der Haustür entfernt war und wie lange ich brauchen würde, um hinunter zu kommen. Beruhigt und fest entschlossen, mich nicht mehr stören zu lassen, zog ich die Decke über den Kopf und fiel nach langer Zeit in einen nichtsdestoweniger unruhigen und wenig erfrischenden Schlaf.

Natürlich verschlief ich am nächsten Morgen, und weil ich einen frühen Termin hatte, zog ich mich unrasiert an und raste aus dem Haus, in das ich erst am frühen Abend zurückkehrte, viel später als ich es Shelagh versprochen hatte, die mir beim Tee wieder einmal ihre nie enden wollenden Tapetenmuster zeigen wollte.

Ich schloß die Tür auf und stand unverzüglich Irland gegenüber – einem kämpferischen Irland. Shelagh war außer sich vor Zorn, was selbst bei ihrem Temperament eine etwas übertriebene Reaktion war, ging es doch schließlich nur um eine verspätete Teeparty.

»Hör zu«, sagte sie in einer blendenden Imitation einer herablassenden, verbitterten Glenda Jackson, »wenn du die Sachen nicht magst, die ich für das Haus auswähle, dann sag es doch bitte gleich, anstatt die Möbel quer durch die Wohnung zu werfen und die Bilder von den Wänden zu reißen.«

»Was?«

»Tu nicht so unschuldig. Du weißt genau, was ich meine. Deine Putzfrau hat nur einen Blick ins Zimmer geworfen und läßt dir ausrichten, sie muß erst einmal Urlaub in Southend machen. Sie weiß noch nicht, ob sie zurückkommt. Und versuch bloß nicht, die Arbeiter dafür verantwortlich zu machen. Die streiken nämlich heute aus Sympathie für die Dockarbeiter, die sich gegen die Verschiffung von Containern wehren.«

»Shelagh«, sagte ich, total durcheinander, und versuchte, ihren Arm zu packen, mit dem sie heftig gestikulierte.

»Dann schau dir das doch mal an!« sagte sie und führte mich im Sturmschritt ins Wohnzimmer.

Es war wirklich ein erstaunlicher Anblick. Das Wohnzimmer verläuft genau wie das Eßzimmer durch die ganze Tiefe des Hauses, ist etwa zwölf Meter lang und schließt mit hohen Balkontüren ab, die auf eine Veranda zum Garten hinausgehen. Das

Zimmer war übersät mit kreuz und quer herumliegenden Möbelstücken, wobei es sich hauptsächlich um die Sachen handelte, die Shelagh gekauft hatte, um das Mobiliar aus dem achtzehnten Jahrhundert zu ergänzen, das mir gehörte und das mir soviel besser gefiel. Ich hatte gegen diesen Stilverschnitt nichts einzuwenden, weil Shelagh genau zu wissen schien, was sie tat, aber im stillen beglückwünschte ich die Einbrecher, die dieses Chaos hinterlassen haben mußten, zu ihrem Sinn für Ästhetik.

»Und der Eßtisch«, jammerte sie. Ich spitzte die Ohren. Der Eßtisch war ein sechs Meter langes Monstrum aus braunrotem Formica. »Er ist zerkratzt, zerkratzt, zerkratzt, du Teufel!«

Ich legte Shelagh die Hände auf die Schultern und bekam dabei selbst ein paar Kratzer ab. »Einbrecher«, flüsterte ich in ihr Ohr.

»Was du nicht sagst!« höhnte sie, riß sich von mir los und hob vorsichtig eine umgekippte Reproduktion einer schluchzenden Nonne von Francis Bacon auf. »Rob MacKenzie – das Opfer eines Einbrechers.«

Ich nahm die Flasche mit amerikanischem Gin aus meiner Adams-Kommode und mixte uns ein paar therapeutische Drinks. Bei den Drinks und einem Schälchen abgestandener Erdnüsse erzählte ich der ein wenig abgekühlten Shelagh von der nächtlichen Klopferei an der Tür.

»Das alles hast du dir doch jetzt nur ausgedacht, oder?«

»Mein liebes Mädchen, ich brauche meinen Schlaf, und Abdington war ganz schön sauer, als ich heute morgen zu spät kam, noch dazu unrasiert, und ich kann es mir nicht leisten, ihn als Informationsquelle zu verlieren.«

Ich konnte deutlich sehen, daß sie diese Erklärung schluckte, und wollte gerade vorschlagen, in die Küche zu gehen und uns etwas zu essen zu machen, als sie plötzlich auf die Uhr sah und rief, sie müsse sofort zu einer Vorbesprechung über kinetische Skulpturen bei Harrods. Es schien an diesem Tag mein Schicksal zu sein, ohne eine anständige Mahlzeit auskommen zu müssen.

Was auch der Grund dafür war, daß ich noch nicht im Bett lag, als das Hämmern an der Tür wieder anfing. Ich rannte sofort aus der Küche hinauf ins Wohnzimmer, das ich vorher aufgeräumt hatte, aber dort war alles in bester Ordnung. Wie ein Dummkopf riß ich danach die Haustür auf und wurde fast umgeworfen von einem gewaltigen Luftstoß, der von der trockenen, windstillen Straße ins Haus fegte. Ganz unaufgefordert sträubten sich mir die Haare im Nacken.

Das Klopfen und Hämmern befand sich jetzt in meinem Haus, aber als ich das Wohnzimmer wieder erreichte, hatte es aufgehört. Shelaghs Möbel waren wie auf den Kopf gestellt.

»Also gut«, schrie ich in bester Rob-MacKenzie-Manier, »wer immer du auch bist, komm raus. Ich bin bewaffnet und ein ausgezeichneter Schütze!« Drohend bewegte ich das Hühnerbein in meiner Bademanteltasche.

Ein Schwall kalter Friedhofsluft erreichte mich, und ehe ich mich's versah, lag ich flach auf dem Rücken auf dem cremefarbenen Teppichboden, den Shelagh ausgesucht hatte, und ich sah noch, wie die Läden am offenen Fenster im Treppenhaus bedrohlich klapperten, als der kalte Wind das Haus wieder verließ.

Hatte ich ein Gespenst im Haus?

»Ein Gespenst? Ein Geist? Aber Rob, Liebling, du hast zu viele von deinen eigenen Büchern gelesen!«

Shelagh nennt mich immer liebevoll bei meinem Künstlernamen, und sie meint – und ich muß sagen, daß ich ihr da nur zustimmen kann –, daß der Name Ken Wenks eben einfach zu nichtssagend und einfach klingt.

»Weißt du eine bessere Erklärung? Wenn unser Möbelwerfer körperlich und wirklich wäre, hätte ich ihn gestern nacht sicherlich erwischt.«

»Ein sehr konservativer Geist, muß ich sagen«, murmelte Shelagh und versuchte, eine Ballonlampe aus Chrom und Reispapier wieder in ihre ursprüngliche Form zu biegen, aber ich konnte sehen, daß sie mit den Gedanken schon woanders war. Ich würde dieses herrliche Mädchen verlieren, wenn es mir nicht gelang, meinen nächtlichen Besucher loszuwerden.

»Weißt du noch, was Larry Olivier tat, als er vor einem ähnlichen Problem stand?« fragte sie, die grünen Augen ganz schmal.

»Ich kenne Sir Larry ja nicht einmal«, sagte ich.

»Im *Film,* Liebling. Den haben sie bestimmt auch in der kanadischen Wildnis gespielt. Du weißt doch, Rob – *Hamlet!* Es ging um den Geist seines Vaters. Larry, das heißt, Prinz Hamlet, hob sein Schwert und benutzte es als eine Art Kreuz, für den Fall –« Nachdenklich hielt sie inne und rief dann: »Ich hab's! Um die Ecke ist ein Fahrradgeschäft. Wir kaufen dieses reflektierende Klebeband, mit dem die Leute ihre Fahrräder bekleben, damit sie nachts besser sichtbar sind, und kleben damit Kreuze auf jede Tür und jedes Fenster in diesem ganzen schrecklichen Haus.«

»Du bist wirklich ein kluges Mädchen«, sagte ich und versuchte, ihr einen Kuß zu geben.

»Laß das jetzt. Ich habe die Nase voll davon, meine Möbel durch die Gegend werfen zu lassen!«

Gegen Mitternacht, und Sie können mir glauben, ich war hellwach, fing das Klopfen wieder an, schlimmer als je zuvor. Der Türklopfer an der Haustür klapperte, als sei er besessen. Dann rüttelte es nacheinander an jedem einzelnen Fenster im Haus, bis die Scheiben klapperten. Im Garten war ein furchtbares Krachen zu hören, und dann auf der Treppe hinter dem Haus, die zur Küche führte. Ich zog mir das Kissen über den Kopf, aber schon einen Augenblick später riß ich es wieder herunter. Es war nämlich eine wirkliche Stille, die ich jetzt hörte. Shelaghs Trick hatte geklappt.

Hoch über meinem Kopf hörte ich ein Trommeln auf dem Dach. Das Haus war erfüllt von einem lauten *Ah-h-hh!,* und zwei Dinge wurden mir auf einen Schlag klar. Der Trick hatte nicht geklappt, und irgendwann am nächsten Tag würde ich Shelagh im demolierten Eßzimmer gegenüberstehen müssen.

Das Durcheinander im Wohnzimmer war ich ja inzwischen schon gewöhnt, und es machte mir nicht soviel aus. Was mich jedoch maßlos ärgerte, war die Tatsache, daß die Schreibtischlampe in meinem bis zu diesem Zeitpunkt unberührt gebliebenen Arbeitszimmer zu einer Art Brezel verknotet worden war, ganz abgesehen davon, was mein Spukgespenst mit meinen Büchern und Papieren angestellt hatte, die überall verstreut herumlagen.

Shelagh deutete auf den sehr großen Rußfleck auf dem hellen Teppich vor dem Kamin und ging. Zuvor aber sagte sie noch: »Du verdammter Idiot! Warum hast du nicht daran gedacht, aufs Dach zu klettern und Kreuze an allen Schornsteinen anzubringen? Dein verfluchter Geist hat diesen wunderschönen Teppich ein für allemal – EIN FÜR ALLEMAL – ruiniert, und ich hasse dich, hier hast du deinen verdammten Ring zurück und ich hoffe, daß ich dich und dieses verfluchte Haus nie mehr wiedersehe. Nie mehr!«

Es war Zeit, etwas zu unternehmen – ich mußte mit jemandem sprechen, der Erfahrung mit Geistern hatte.

Ich fand Harry Chisholm, einen Landsmann, der seinen Lebensunterhalt mit wissenschaftlichen Artikeln für eine Lokalzeitung, den *Duke of York,* verdient, und ich erzählte ihm einen Haufen Blödsinn, daß ich für eine Sonntagszeitung einen Artikel über Geister in Hampstead schreiben sollte. Wußte er vielleicht den Namen eines Parapsychologen?

»Ken, die sind doch alle total verrückt. Du brauchst jemanden, der bei klarem Verstand ist und einen guten Ruf hat. Du brauchst die MacKenzies. Er ist Mathematiker, und sie ist Psychologin; beide lehren an der Universität. Hier ist ihre Nummer. Ruf sie an. Geister sind ihr Hobby.«

Nun stand ich vor dem Problem, ob ich mich bei meinem Anruf bei meinen potentiellen Rettern als Wenks oder MacKenzie vorstellen sollte. Ich entschied mich für Wenks, und die MacKenzies versprachen, am übernächsten Abend bei mir vorbeizukommen.

Es stellte sich heraus, daß er und sie kein Ehepaar waren, sondern Vater und Tochter, und zwar was für eine Tochter. Connie, die ein sehr gut zu ihr passendes Kleid von Mary Quant trug, war einen Meter siebzig groß und stellte mir eine lange Reihe von Fragen. Ihr Vater, Angus, vermaß das Eßzimmer, während wir beide im Wohnzimmer auf und ab wanderten.

»Klebeband in Kreuzform. Sehr einfallsreich«, sagte sie. »Sind Sie sehr religiös?«

»Nein«, sagte ich. »Es war ein Einfall meiner Freundin.«

»Aha. Ist sie sehr religiös? Und lebt sie bei Ihnen?«

»Um Himmels willen, nein. Sie hat den Einfall aus einem Film.«

»Ich verstehe.« Ihre violetten Augen zeigten mir deutlich, daß sie im Zweifelsfall für den Angeklagten entschied.

»Wissen Sie, aus Hamlet. Wo er sein Schwert benutzt als eine Art Kreuz, für den Fall, daß der Geist seines Vaters eine Erfindung des Teufels sein könnte.«

»Ach ja, natürlich.«

»Ihre Augen haben die Farbe von gerade aufblühendem Heidekraut«, sagte ich, mich selbst vergessend.

»Das hat man mir bereits gesagt«, meinte sie und spähte in den Kamin, den mein Gespenst als Eingang benutzt hatte.

Ich zog mich in mein Arbeitszimmer zurück und sparte mir meine noch nicht ausgespielte Trumpfkarte, daß ich auch ein MacKenzie war, für später auf.

Ich tat genau das, was die MacKenzies von mir verlangten, und wir verbrachten die nächsten beiden Nächte in meinem Schlafzimmer und lauschten. In der ersten Nacht stellte ich ein Brett mit einem reflektierenden Kreuz vor jeden Kamin. Wir wurden das Opfer von ausgiebigem Klopfen und Hämmern und Krachen, aber nur die Möbel aus Rotholz und der Plexiglasbrunnen im Garten kamen ernstlich zu Schaden.

In der zweiten Nacht entfernten wir die Kreuze vor den Kaminen, und die MacKenzies kamen in den Genuß der ungekürzten Vorstellung: Die ganze Nacht lang rumorte es unten im Erdgeschoß.

Alles, was Angus dazu zu sagen hatte, war: »Hat es sich je in der Küche oder in den Schlafzimmern zu schaffen gemacht?«

Alles, was ich antworten konnte, war: »Nein.«

»Wir sind in ein paar Tagen wieder da«, sagte er. »Aber können Sie uns vielleicht noch ein Frühstück machen? Wenn es Ihnen zuviel wird, stellt sich Connie auch an den Herd, aber, um ehrlich zu sein, haßt sie es.«

»Daddy!« protestierte sie.

Connie machte uns ein herrliches Frühstück, während Angus mit mir über die Möglichkeit sprach, einen Psychiater aufzusuchen für den Fall, daß die Möbelwerferei durch einen Konflikt in mir selbst verursacht werde.

»Wirklich, Daddy, ich weiß nicht, wie ich es mit dir und deinen primitiven Ideen aushalte. Es gibt eine vollkommen logische Erklärung für das alles, und du brauchst überhaupt nicht weiterzureden und Ken das Gefühl zu geben, als sei er –«

Ich war gerade dabei zu bewundern, wie glänzend braun Connies Haar schimmerte und wie wirklich heidekrautviolett ihre Augen waren, als von der Küchentür her eine Stimme ertönte. Es war Shelagh.

»Ich kenne mehrere sehr namhafte Psycho-Leute in der Harley Street, die sich mit derartigen Problemen befassen«, verkündete sie, wobei sie Connie, die Köchin und Psychologin, geflissentlich übersah.

»Dieses blöde Ding, das du dir so gewünscht hast, ist mir zufällig in die Hände gekommen. Also hier hast du es, und hoffentlich kannst du es gut gebrauchen, und ich hoffe, daß ich dich nie wiedersehe oder von dir höre, Rob MacKenzie!« Sie drehte sich auf dem Absatz um und verschwand, nachdem sie mir eine wunderschöne, alte, kupferne Wärmeflasche in die Hand gedrückt hatte, auf die sie ein reflektierendes Kreuz geklebt hatte. Offensichtlich hatte es ein Versöhnungsgeschenk sein sollen, aber Connies Gegenwart hatte sie wieder wütend gemacht. Ich überließ es den MacKenzies, selbst herauszufinden, was Shelagh mit ihrem Rob MacKenzie gemeint hatte, und rannte hinter ihr her, und schon kurze Zeit später sprach ich mit einem ihrer Psycho-Menschen aus der Harley Street, was mich pro Stunde eine unglaubliche Anzahl von Pfunden kostete. Sein Urteil lautete, ich sei ziemlich normal, und entweder hätte ich tatsächlich ein Gespenst im Haus, oder aber ich hätte zuviel Zeit im Oberhaus verbracht, wo alle, bis auf Bedford und Bath, den Eindruck erweckten, schon seit Jahrhunderten tot zu sein. Ein zweiter Psychiater, der noch hinzugezogen wurde, riet mir, auf nüchternen Magen keine Martinicocktails mehr zu trinken.

In der Zwischenzeit schienen Connie und ihr Vater in der Jolly Row nicht dazu in der Lage zu sein, meinen nächtlichen Besucher zu bannen. Ein- oder zweimal kam Shelagh vorbei, aber es war nicht zu übersehen, daß unsere Beziehung merklich abgekühlt war. Sie erwähnte unnötigerweise einen Captain der königlichen Palastwache, der sie seit neuestem umlagerte. Sie nahm ihre modernen Bilder aus Sicherheitsgründen mit und schüttelte beim Anblick der Ballonlampe traurig den Kopf. Auch das skandinavische Sofa sah inzwischen aus, als stamme es aus der Portobello Road und nicht aus einem exklusiven Möbelhaus. Ich hatte auch so langsam genug, denn das Wasimmeresauchseinmochte, das wir ins Haus gelassen hatten, damit die MacKenzies es testen konnten, hatte damit begonnen, das Telefonkabel aus der Wand zu reißen und Glühbirnen über der Fassung abzubrechen. Inzwischen war ich auch fest davon überzeugt, daß mein Gespenst eine Geschichte haben mußte, die einen Lokalhistoriker oder einem älteren Bewohner der näheren Umgebung noch bekannt sein mochte.

Deshalb machte ich mich an die Arbeit, und im Zeitungsladen hatte ich auch tatsächlich Glück.

»Ich hab' ihn schon seit Jahr und Tag nicht mehr gesehen, und daß er noch am Leben ist, weiß ich nur, weil seine alte Haushälterin immer herkommt, um Ihre Krimis zu kaufen. Er ist ein richtiger Fan von Ihnen, das können Sie mir glauben. Es sind mindestens zehn Jahre her, seit er das Haus zum letzten Mal verlassen hat, aber er ist genau der Richtige für Sie. Bestimmt ist er weit über neunzig, und seine Familie wohnt schon seit Generationen hier in der Gegend.«

Der ehrenwerte Decimus Peyton-Lennox war so schrecklich alt und zerbrechlich und fast durchscheinend dünn, daß ich einen Augenblick lang fast glaubte, ich hätte es mit einem Hampsteader Gespenst zu tun, das ganz offen bei Tage spukte.

»War schon seit Jahren nicht mehr in der Jolly Row«, sagte er leise keuchend. »Eine hübsche kleine Straße. Die Backsteinfronten erinnern einen daran, wie Hampstead ausgesehen haben muß, als Keats noch hier lebte, der arme Kerl. Ein kleines Landstädtchen, durchsetzt mit den Häusern von Stadtleuten, großen Gebäuden, die billig gebaut wurden.«

»Mein Haus ist leider das einzige in der Jolly Row, das noch die ursprüngliche Backsteinfront hat. Die anderen sind alle verputzt oder angestrichen. Es hat übrigens jahrelang leergestanden. Soviel ich weiß, hat es wohl irgendwelche Probleme mit einer Testamentsregelung gegeben.«

»Aha!« Das Triumphgefühl in Mr. Lennox schien zuviel zu sein für seine Stimme, aber schließlich fand er sie doch wieder. »Aha!« In der Zwischenzeit war ich tausend Tode gestorben.

»Wissen Sie vielleicht etwas über mein Haus?« fragte ich begierig.

»Jolly Row, Jolly Row. Dort gab es vor langer Zeit Morde, vor langer, langer Zeit. Als ich noch ein ganz kleiner Junge war, haben mein Großvater und seine Freunde gelegentlich davon gesprochen, natürlich ganz leise. Es ging um etwas Häßliches, das passiert war, als sie selbst noch junge Männer waren. Vielleicht war sogar einer ihrer Freunde dabei. Morde. Eine Menge Leute wurden umgebracht, alle auf einmal. Wie war das nur möglich? Ich weiß es nicht mehr. Ich kann mich nicht erinnern. Auf jeden Fall gab es kein Blut. Nein, es war Gift. Ungefähr um die Zeit des zweiten Krieges mit den Yankees.«

All das dauerte ungefähr eine halbe Stunde, denn zwischendurch mußte der alte Mann immer wieder husten oder sich niederlegen oder einen Schluck Tee trinken oder sich aufsetzen. Aber in diesen Pausen rasten mir die Gedanken durch den Kopf und suchten schon nach neuen Informationsquellen, wie zum Beispiel alte Zeitungen, überlieferte Geschichten, Polizeiakten. Das alles würde eine gewisse Zeit brauchen, aber wenn mein Gespenst mich nicht jede Nacht wach hielte, würde ich es schon schaffen. Ich wollte mein Haus endlich wieder für mich allein haben.

»Zwei Fälle kommen in Frage«, erzählte ich in der nächsten Woche den MacKenzies beim Tee. »Der erste geschah im Winter 1801, und es ging um einen Mann, der seine Frau, ihren Geliebten und ihre Mutter erschossen hat.«

»Der hat sich bestimmt gedacht, wenn er schon gehängt würde, sollte es sich wenigstens lohnen«, lachte MacKenzie.

»Und worum ging es in dem anderen Fall, Ken?« Connie hatte ihre Fragenliste weggelegt, war aber immer noch interessiert, sei es nun aus wissenschaftlichen oder nicht ganz so wissenschaftlichen Gründen.

Der zweite Fall hat bestimmt mit meinem Gespenst zu tun, dessen bin ich mir ganz sicher. Maud, die Hexe von Harrowgate. Haben Sie schon mal von ihr gehört?«

Es entstand eine kleine Pause, während die M.s im Geiste ihre Liste unirdischer Kreaturen durchgingen.

»Nein«, antworteten dann beide.

»Maud arbeitete erst als Serviermädchen, dann als Köchin, und zwar in mehreren Häusern in und um Harrowgate, bis schließlich irgend jemandem auffiel, daß die Leute dazu neigten, unerwartet das Zeitliche zu segnen, wenn Maud die Speisen zubereitet hatte.

Eine alte Tante hier, ein Kind dort, gelegentlich auch der Herr des Hauses oder seine Frau. Nichts Spektakuläres, absolut nicht. Merkwürdig konnte es einem erst dann vorkommen, wenn man die Todesfälle zählte.«

»Aber wenn niemand merkte, daß die Todesfälle nicht natürlich waren, warum wurde sie dann Hexe genannt?« fragte die kluge Connie.

»Weil sie die unangenehme Angewohnheit hatte, sobald sie sich über jemanden ärgerte, und sei es nur ein Kind, hinauszulaufen auf die Straße und sich die Kehle aus dem Hals zu schreien, sich die Haare zu raufen und wie irre herumzuspringen. Weil sie ein sehr leicht erregbares Gemüt hatte, tat sie dies so oft, daß man es einfach nicht übersehen konnte.

»Ihr Besucher hat ja auch ein sehr leicht erregbares, wütendes Gemüt, bloß daß die Schreie fehlen«, bemerkte Angus.

»Stimmt. Auf jeden Fall verließ Maud Harrowgate unter etwas mysteriösen Umständen und kam als Köchin –«

»In die Jolly Row Nummer elf«, beendete Connie meinen Satz.

»Genau richtig. Sie arbeitete ungefähr ein Jahr hier, ohne sich auch nur die geringste Kleinigkeit zuschulden kommen zu lassen. Oh, ein Hausbursche starb ziemlich unerwartet in diesem Jahr, aber das konnte auch Zufall gewesen sein. Die große Sache kam erst bei der Hochzeit der ältesten Tochter des Hauses. Sie hatte eine ziemlich gute Partie gemacht, und ihr Vater, ein John Wexcombe, der mit Sklaven und Rum ein Vermögen gemacht hatte, aber von niedriger Herkunft war, war darüber so erfreut, daß er jedem Dienstboten im Haushalt, und deren gab es viele, ein Geldgeschenk gab. Um es kurz zu machen, Maud erzielt nicht so viel, wie sie erwartet hatte, es kam zu einem Streit, wie üblich rannte sie haareraufend herum und schrie wie am Spieß, aber dann machte sie sich daran, das Hochzeitsessen vorzubereiten. Es geht das Gerücht, daß der Herr ihr ein größeres Geschenk für später versprochen haben soll. Bei diesem Hochzeitsessen mußte Maud zwischen sechzig und fünfundsiebzig Leute verköstigen. Die Berichte schwanken diesbezüglich, denn die einzige Überlebende, ein Serviermädchen von vierzehn Jahren, konnte nur bis drei zählen, und es waren wesentlich mehr Leichen. Verständlich, nicht wahr?«

Connies Augen hatten sich geweitet. »Ken, soll das heißen, daß sie alle Gäste getötet hat? Alle die vielen Menschen? Wie, um Himmels willen –«

»Sie hat das Zeug in den Punsch getan, nicht wahr?« Angus machte es sichtlich Spaß, die Ereignisse zu erraten. »Bei einer so festlichen Angelegenheit gibt man sogar den Kindern ein Schlückchen Punsch zu kosten. Hab ich recht?«

»Das haben Sie. Der war für den Hochzeitstoast bestimmt, und in einem Anfall von Großmut schickte der Herr des Hauses auch den Dienstboten eine Kanne voll Punsch. Der Toast war noch nicht einmal ganz ausgebracht, als oben und unten die Leute wie Fliegen umkippten. Als alles still war, kam unsere Freundin Maud herein, also ins Erdgeschoß, wo die Party in beiden Zimmern stattfand, um ihr Werk zu betrachten. Offensichtlich stieg ihr der Erfolg ihrer Rache so zu Kopf, daß sie sich in ihrer Freude selbst einen Schluck des tödlichen Punschs genehmigte. Als sie ihren Irrtum bemerkte, war es schon zu spät. Das kleine Mädchen beobachtete alles aus seinem Versteck hinter einem Vorhang, wohin es sich verkrochen hatte, als die Leute anfingen zu stöhnen und umzufallen. Tagelang konnte niemand sie zum Sprechen bringen, was unter den Umständen nicht überraschend ist. Als sie endlich sprach, sagte sie, Maud hätte vor ihrem Tod geschrien: ›Wo ist mein Geld, du alter Teufel, wo ist mein Geld?‹ Die Zeitungen überschlugen sich damals fast und deckten natürlich auch Mauds zweifelhafte Karriere in Harrowgate auf. Gott sei Dank, denn sonst würde ich immer noch im dunkeln tappen.«

»Vielleicht kommt es Ihnen ein bißchen altmodisch vor«, sagte Angus, »aber ich würde mich mit der Kirche in Verbindung setzen und einen Exorzisten anfordern. Das scheint nämlich zu klappen, wenn man den Namen des ungebetenen Besuchers kennt.«

»Aber ich glaube nicht, daß es in diesem Fall funktionieren würde«, sagte ich. »Wissen Sie, ich habe nämlich im Laufe meiner Untersuchungen noch etwas erfahren, was ich aber im Augenblick noch gern für mich behalten würde. Maud ist die einzige, die es erfahren muß, und ich werde es ihr sagen, wenn sie mich heute nacht wieder besucht.«

Und wie sie mich besuchte, pünktlich wie immer, genau um

Mitternacht. Das Klappern mit dem Klopfer fing an, hörte aber sofort wieder auf (ich hatte die Haustür offengelassen), anschließend war das übliche Gepolter herumfliegender Möbel zu hören. Ich lag oben in meinem Bett, gestärkt durch einen doppelten Scotch, aber trotzdem voller Angst, und es wäre mir fast lieber gewesen, ich hätte meinen kühnen Plan niemals gefaßt. Andererseits aber, sagte ich mir, gab es gar keinen anderen Weg, wenn ich endlich Frieden haben wollte.

»He! Ho! Maud! Maudie! Wo bist du, du dumme Gans? Was ist denn los mit dir? Hat's dir die Sprache verschlagen? Ich hab dich noch kein einziges Mal kreischen gehört, dabei solltst du doch dafür berühmt sein. Zeig dich doch endlich, du altes Monstrum, du irres Gespenst –« Und so weiter. Ich weiß nicht, ob Sie jemals versucht haben, einem Geist mit voller Kraft Beleidigungen entgegenzuschreien, während Ihre Kehle vor lauter Angst völlig verkrampft ist, aber Sie können mir glauben, es ist keine angenehme Erfahrung. Vor allem wenn Sie dann auch noch feststellen müssen, daß Ihre Bemühungen von Erfolg gekrönt sind und daß eine Masse kreischender Luft die Treppe heraufbraust wie ein verrückt gewordener Airbus.

Sie oder Es (ich weiß nicht, wie man etwas bezeichnen soll, das keine erkennbare Form hat) sauste durch die Tür, die ich ebenfalls offengelassen hatte, in mein Zimmer und schleuderte das Telefon und die Nachttischlampe quer durch den Raum. Abgesehen von den Queen-Anne-Möbeln, die sie verschonte, war anscheinend nichts im Zimmer, was sie zu zertrümmern Lust hatte, und weil ich das Telefon vorsichtshalber schon vorher abgeklemmt hatte, war auch hier kein großer Schaden angerichtet worden. Sie warf sich ein paarmal gegen die Wände und schoß dann wieder aus dem Zimmer, und ich hörte sie in den anderen Schlafzimmern herumtoben, die jedoch alle noch nicht eingerichtet waren. Als ich endlich meine Stimme wiederfand, wozu mir auch ein großer Schluck aus der Flasche verhalf, die ich vorsichtshalber mit ins Bett genommen hatte, brüllte ich:

»Das Schlimme bei dir, liebste Maud, ist, daß du alles glaubst, was du liest. Hast du mich gehört?« (Sie vergnügte sich zu diesem Zeitpunkt gerade damit, unten ein paar Fenster zu zertrümmern). »Hast du gehört, was ich gesagt habe, oder bist du vielleicht genauso taub wie du dumm bist –«

Die Tür zu meinem Zimmer flog auf und knallte gegen die Wand.

»Das Schlimme mit dir«, fuhr ich ein bißchen zittrig fort, »ist, daß du alles glaubst, was du liest. Denn du glaubst doch, daß du das Haus von John Wexcombe in Stücke haust, oder etwa nicht? Daß es seine Möbel sind, die er mit dem Geld aus dem Sklavenhandel und dem Rumschmuggel gekauft hat und das er eigentlich dir hätte geben sollen? Du glaubst, daß du seine Möbel zertrümmerst? Da sieht man wieder, was für eine wirklich blöde, dumme Gans du bist!«

Während ich all das sagte, machte sie/es sich daran, erst langsam, dann ein bißchen schneller, dann sehr schnell, den Fuß meines Bettes in die Luft zu heben und wieder fallen zu lassen. Aus Angst, zu Tode gerüttelt zu werden, schrie ich ihr meine Information entgegen: »Die Hausnummern in Jolly Row sind in der Zwischenzeit zweimal geändert worden. Dieses Haus ist nicht deine Nummer elf. Dieses Haus war Nummer sechs. Deine Nummer elf ist heute Nummer neunzehn! Hast du das kapiert? Du spukst im falschen Haus, du verdammte Idiotin, hirnrissige Gans!«

Urplötzlich hörte sie auf, mich und mein Bett zu rütteln. Sie hörte mir zu. Bloß daß ich in einer ziemlich unangenemen Lage war, weil sie nämlich mein Bett in einem Winkel von ungefähr fünfundvierzig Grad vom Boden hochhielt.

»Das große weiße Haus an der Ecke, das war John Wexcombes Haus. Es ist nur angestrichen worden, das ist alles. Es ist dasselbe Haus, sogar der Klopfer an der Tür in Form eines Indianerkopfes ist noch derselbe. Nur die Nummer ist anders.«

Sie ließ den Fuß des Bettes los, und das Bett krachte auf den Boden. Ich dachte wirklich, es wäre aus mit mir, vor allem auch, weil der Lattenrost unter mir durchbrach und ich mit voller Wucht und umgeben von Brettern auf den Boden schlug. Das Zimmer wurde zu einer Windhose aus wirbelnden Brettern, Kissen und Teilen meines Telefons und meiner Nachttischlampe, und, was ganz neu war, auch meine Queen-Anne-Möbel flogen mit. Aus der Ecke, in der ich irgendwann landete, zwar halbzerquetscht, aber zumindest geschützt, da der Kopfteil meines ehemaligen Bettes vor mir stand, beobachtete ich fasziniert, wie meine Matratze sich benahm wie ein fliegender Teppich und mein stummer Diener auf schlanken Beinen einen Tanz hinlegte.

Dann war Maudie verschwunden mit einem Brausen, das mich an einen D-Zug erinnerte, die Treppe hinunter und durch die Tür hinaus auf die Straße. Im gleichen Augenblick, in dem die Haustür hinter ihr zuschlug, schlugen auch alle anderen Türen im Haus zu, und ich hörte das unverkennbare Geräusch, mit dem mein wunderschöner frühgeorgischer Trumeau auf das Parkett der Eingangshalle fiel. Immer noch ein annehmbarer Preis dafür, die Hexe von Harrowgate endlich los zu sein, und ich denke, daß es dieser Augenblick gewesen ist, in dem ich ohnmächtig wurde.

»Ken, ich weiß, daß du Daddy nicht erzählen wirst, was dein Gemurmel im Krankenhaus, bevor du wieder zu dir gekommen bist, bedeutet, aber ich hoffe, daß du es mir sagst, ja?« Connie reichte mir ein Glas Brandy und schürte das Feuer im Kamin im Wohnzimmer, das auszugehen drohte. Als sie damit fertig war, kam sie zu mir und setzte sich neben mich auf den rußbefleckten Teppichboden, und ich legte einen schmerzenden Arm um sie.

»Das Essen war einfach großartig«, sagte ich, »aber nächste Woche wird die Köchin da sein, und wir werden von einem Hepplewhite-Tisch essen, von dem meine liebe Mrs. Mapes behauptet, sie könne ihn mir sofort, wenn nicht noch schneller besorgen. Und morgen mittag wird auch schon der Schrott da verschwunden sein.« Ich deutete auf die zersplitterten Überreste von Shelaghs Möbeln, die in der anderen Ecke aufgestapelt waren. »Und der Schreiner und der Glaser werden die Balkontüren repariert haben und die Fenster im Eßzimmer.« Maud hatte den braunroten Formicatisch durch die geschlossenen Balkontüren auf die Veranda geschleudert. »Und dann, glaube ich, werde ich mich wieder als glücklicher Mann fühlen, vor allem natürlich weil du versprochen hast, mich zu heiraten.« Ich rieb meine Wange an der ihren. »Mrs. Mapes hat *carte blanche*, und nachdem ihrer Vorstellung von modern der königliche Pavillon in Brighton entspricht –«

Connie drehte mein Gesicht in ihre Richtung und sah mir fest in die Augen. »Wovon hast du im Krankenhaus gemurmelt? Ich weiß, daß du es noch weißt, und ich weiß, daß es etwas mit Maud zu tun hat, dieser armen Kreatur.«

Ein paar Dinge hatte ich schon vorher bei Connie festgestellt. Sie ist nicht nur eine faszinierende Schönheit und eine faszinierende Köchin, sondern auch klug und unabhängig. Sie liest lieber vor dem Kamin, als immer wieder dieselben, langweiligen Parties mit denselben langweiligen Leuten zu besuchen. Obwohl ich es ihr erklärt habe, hat sie keine Ahnung, wer Rob MacKenzie ist, und es ist ihr auch völlig egal. Sie hält mich für furchtbar klug. Sie wäre völlig glücklich in ihrem eigenen Arbeitszimmer, das wir in einem der leeren Schlafzimmer einrichten können, und ich könnte das Haus mit den schrecklichsten Furniermöbeln aus dem nächsten Billigwarenhaus einrichten, und es wäre ihr ganz egal, weil es für sie die Hauptsache ist, daß ich da bin.

»Es klang, als sagtest du Bow-wow«, half sie mir.

Sie verdiente es, an meinem Geheimnis teilzuhaben. In meinem Delirium hatte ich offensichtlich Schuldgefühle gehabt, aber jetzt nicht mehr. »Bauhaus. Ich habe Bauhaus gesagt. Du weißt doch, diese deutsche Architektur- und Kunstrichtung mit den geometrischen Linien.«

»Ach ja, nur Winkel, keine Kurven. Hauptsächlich Primärfarben.«

»Maud spukte im falschen Haus. Sie wollte das große weiße Haus an der Ecke, aber die Hausnummern waren geändert worden, und so dachte sie, dieses Haus sei die Szene ihres spektakulärsten Verbrechens gewesen. Und weil dieses Haus jahrelang leergestanden hat, konnte keiner sie auf ihren Irrtum hinweisen.«

»Und?« Constance ist ein sehr geduldiges Mädchen.

»Das große weiße Haus an der Ecke gehört einem gewissen Raymond Hatherleigh, dem Starcoiffeur von London, zumindest im Augenblick. Shelagh und ich waren einmal auf einen Drink dort. Er ist furchtbar. Die Außenfassade des Hauses hat er zwar in Ruhe gelassen, die weiße Farbe und die altgoldenen Fensterläden stammen von jemand anderem, aber er ist derjenige, der das Haus innen total ruiniert hat, der Idiot, und –«

»Es zu einem Prachtexemplar im Bauhausstil gemacht hat.«

»Ja.«

»Du wirst es ihm aber sagen, nicht wahr? Ich habe Maud richtig gern. Schließlich hat sie uns zusammengebracht, aber sie ist wirklich schrecklich destruktiv mit ihrem ungezügelten Temperament. Ich weiß, daß du meinst, das, was Dad gesagt hat, sei dumm, aber vielleicht spricht sie wirklich auf Exorzismus an.«

»Ich weiß, ich weiß. Aber ich dachte, ich lasse ihr eine Weile das Vergnügen bei diesem schrecklichen Raymond, bevor wir Angus bitten, den Priester mit Glocke, Buch und Kerze zu rufen. Hatherleigh hat Maud wirklich verdient. Er hat das Haus ruiniert, und Maud findet ihn bestimmt genauso schrecklich wie den alten Sklavenhändler Wexcombe.«

»Maudie selbst ist auch ganz schön schrecklich.«

»Damit rechne ich ja.« Ich legte jetzt beide schmerzende Arme um Connie, um ihr zu zeigen, auf was ich noch rechnete.

»Liebster Ken, es tut mir furchtbar leid, aber ich muß gehen. Ich habe Daddy versprochen, heute nacht mit ihm in einem Haus zu wachen, in dem es im Keller stöhnt und Dinge in der Bibliothek herumfliegen.«

»Muß ich vielleicht Maud zurückrufen, um dich zu halten? Ich könnte sie vielleicht daran erinnern, daß sie als Geist eigentlich dazu in der Lage sein müßte, durch Wände zu gehen. Oder ich könnte sie bitten, doch endlich Gestalt anzunehmen, aber sie ist so doof, sie würde wahrscheinlich alles verwechseln und als Wolf auftauchen oder etwas noch Gefährlicheres.«

»Sehr gut gedacht, Wenks, aber ich würde doch sagen, du überläßt die Psychologie lieber mir und bleibst bei Westminster oder dem anderen Geschreibsel, mit dem du soviel Geld verdienst. Wenn du Maud noch einmal rufst, werden wir sie vielleicht nie mehr los, und sie wird uns nur die Kinder verschrecken.«

»O ja, die Kinder«, sagte ich, küßte sie und ließ sie gehen.

Als ich ins Bett ging, konnte ich draußen an der Ecke den Wind heulen hören.

»Alles Gute, Maudie«, sagte ich sehr leise. »Wenn es ein Mädchen wird, werden wir es nach dir nennen.«

Originaltitel: MAD MAUD, THE HARROWGATE HAG. 1/75

Charles Boeckman

Ein Mörder bleibt ungestraft

In den Stunden vor der Dämmerung hatte sich der Trubel des *Mardi gras* ein bißchen gelegt, aber jetzt flammte er wieder auf. Fröhliche, wenn auch leicht angeschlagen aussehende Gestalten drängten sich durch die engen Gassen, die noch von den Luftschlangen und vom Konfetti der letzten Nacht übersät waren. Menschen versammelten sich. Irgendwo spielte ein Musiker einen verlorenen, krächzenden Ton auf seiner Trompete. Die ganze Stadt trank Tomatensaft mit Gin, schüttelte den Kater von gestern ab und bereitete sich auf die Verrücktheit vor, die bald wieder in den Straßen von New Orleans ausbrechen würde.

»Teufel, Leutnant, ich habe in meinem ganzen Leben noch nie soviel Blut auf einmal gesehen.« Der uniformierte Beamte stand mit gespreizten Beinen am Fuß der Treppe, die vom Hof nach oben führte, wie eine Bulldogge, die einen Knochen bewacht.

Mercer Basous, Kriminalleutnant bei der Mordkommission, drehte sein schmales, gutaussehendes, ernstes Gesicht und sah sich im Hof um. Die Bananenbäume trieften vor Nässe. Der Nachtnebel, der vom Fluß aufgestiegen war, den Jackson Square überquert und das Französische Viertel eingehüllt hatte, hatte sich noch nicht ganz aufgelöst. Basous schauderte. Die Stadt war ständig kalt und feucht, wenn sie nicht heiß und feucht war. Manchmal fragte er sich verwundert, was um alles in der Welt die Franzosen des achtzehnten Jahrhunderts bloß dazu getrieben hatte, sich ausgerechnet ein Sumpfloch unterhalb des Meeresspiegels auszusuchen, um ihre Stadt zu errichten.

Sein Blick fiel auf die Blutflecken, die über das Kopfsteinpflaster des Hofs zu einem Tor in der westlichen Mauer führten.

Basous nahm an, daß die kleine Gruppe von neugierigen Leuten, die eng zusammengedrängt in einer Ecke des Hofes standen, Mieter der Wohnungen waren, die um den Hof herum lagen. Die meisten der Leute trugen Morgenmäntel und Pantoffeln.

»Wohnen Sie alle hier?« fragte er.

Ein allgemeines, zustimmendes Murmeln lief durch die Gruppe.

»Hat einer von Ihnen heute nacht irgendwelchen Lärm gehört, der mit der Tat in Verbindung stehen könnte?«

Keine Antwort.

»Und wer hat die Polizei gerufen?«

Eine mollige Frau in mittleren Jahren, deren Haar auf Lockenwickler aufgedreht war, trat einen Schritt vor. »Das war ich, Herr Polizist. Ich bin Mrs. Le Monnier, die Vermieterin. Ich wohne hier im Erdgeschoß.« Sie deutete quer über den Hof auf eine Tür, die hinter Weinranken und einem Bananenbaum fast versteckt war. »Ich wollte heute morgen meine Zeitung holen, und da sah ich als erstes diese schrecklichen Blutflecken.«

»Und wer wohnt dort oben?« fragte Basous und deutete auf die Wohnung am oberen Ende der Treppe, in der das Schreckliche passiert war.

»Ein Mann namens Bubba Noss hat die Wohnung gemietet, aber er ist nur selten hier. Es kommt jedoch häufig vor, daß seine Freunde die Wohnung benutzen.«

Basous zog ein Notizbuch hervor und schrieb sich den Namen der Vermieterin und des Mieters auf. »War er letzte Nacht hier?«

»Ich weiß nicht. Ich spioniere meinen Mietern nicht nach.«

Jemand in der kleinen Gruppe gab ein schnaubendes verächtliches Geräusch von sich. Sie drehte sich um und starrte den Jemand an.

Basous' Partner, Leutnant Roy D'Aquin, betrat den Hof von der Nordseite her. »Ich habe die Sache überprüfen lassen, Mercer. Im Leichenschauhaus wurde letzte Nacht niemand eingeliefert, und auch die Krankenhäuser melden niemanden mit einer schweren Schnittverletzung oder mit ernsthaftem Blutverlust.«

Basous nickte. »Roy, würdest du bitte die Aussagen dieser Leute aufnehmen? Ich schau mir mal das Zimmer an.«

Er machte dem jungen Polizisten ein Zeichen, der sich umdrehte und die Treppe hinauflief. Basous ging langsam hinter ihm her. Er hatte eine anstrengende Woche hinter sich.

Der Polizist hielt Basous die Tür auf und sagte: »Ich habe den Raum nicht betreten, Sir. Ich habe nur hineingeschaut. Ich wollte lieber vorsichtig sein und keine Beweise oder Fingerabdrücke vernichten.«

»Sie vernichten alle Fingerabdrücke, die sich eventuell auf dem

Türgriff befunden haben«, kommentierte Basous und sah auf die sommersprossige Hand des Polizisten, die den Türgriff immer noch umklammert hielt.

Der Polizist wurde blutrot. Er zog seine Hand zurück und rieb sie unwillkürlich an seiner Hose ab. Steif sagte er: »Ich habe Blut bemerkt und Anzeichen, die auf einen Kampf deuten lassen, aber niemand, weder lebendig noch tot, befand sich im Zimmer.«

»Sonst noch etwas?«

»Das Zimmer roch nach Zigarettenrauch, Whisky und Parfüm, Sir.«

Jetzt erbarmte sich Basous. Der Junge versuchte wirklich sein Bestes, und er war offensichtlich erst ganz frisch von der Polizeischule gekommen.

»Sehr gut. Sie haben das alles ganz richtig gemacht.«

Der Polizist strahlte.

Basous machte nur einen Schritt in das Zimmer hinein. Eine Nachttischlampe brannte noch. Er murmelte etwas auf Cajun-Französisch, während er seinen Blick durch das Zimmer schweifen ließ, und erst dann trat er weiter in das Zimmer. Rechts des Zimmers befand sich eine Kochnische, links führte eine Tür in ein kleines Badezimmer. Im Zimmer selbst war eine Couch ausgeklappt und als Bett hergerichtet worden. Laken und Kopfkissen waren zerknüllt, als hätte jemand darin geschlafen. Auf dem Bett befand sich nur wenig Blut, nur ein paar kleine Blutstropfen. Das meiste Blut war an der hinteren Wand, auf dem Boden und im Badezimmer.

D'Aquin gesellte sich zu ihm. »Niemand von denen da unten konnte etwas sagen. Es muß ein sehr leiser Mord gewesen sein, oder aber die Leute haben alle einen sehr gesunden Schlaf. *Mon dieu*! Das sieht ja aus, als hätte eine Horde Bluter eine Messerstecherei angefangen.«

Basous ging mit langsamen, vorsichtigen Schritten im Zimmer umher. Seine wachsamen, erfahrenen Augen ließen keine Stelle aus. Dann ging er zum Bett. Er sah es eine Weile an, beugte sich vor und roch an den Kissen. Aus seiner Manteltasche zog er Umschläge und eine Pinzette hervor, pickte einige Haare von den Laken und den Kissen, legte sie in verschiedene Umschläge, versiegelte und markierte sie. Dann zog er die Kissenbezüge ab, faltete sie zusammen und stopfte sie in seine Taschen.

Anschließend ließen Basous und D'Aquin sich auf Hände und Knie nieder und legten die Wangen fast auf den Boden. Sie suchten nach kleinen Gegenständen, die man aus weiterer Entfernung nicht sehen konnte. Mit einem freudigen Ausruf hob Basous nach einiger Zeit ein kleines Stückchen Plastik auf. Er sah es sich genau an und reichte es an seinen Partner weiter. »Was könnte das sein?«

D'Aquin sah sich den Gegenstand stirnrunzelnd an. »Sieht aus wie eine Kontaktlinse, auf die jemand getreten ist«, meinte er dann.

»Ja, das glaube ich auch.« Die Kontaktlinse verschwand in einem Umschlag.

Dann setzte sich Basous, der ein sehr vorsichtiger, sorgfältiger Mann war, und ein Mann dazu, der fest an die Wichtigkeit von Notizen glaubte, auf die Bettkante, legte das Notizbuch auf die Knie und fing an zu schreiben. Nach dem Datum des Tages und der Adresse, an der die Untersuchung durchgeführt wurde, schrieb er:

»Der untersuchende Polizeibeamte berichtete von Blutflecken im Zimmer und auf der Treppe, die zum Hof führt, und auf dem Hof selbst. Er stellte auch im Zimmer Zigarettenrauch und den Geruch nach Whisky und Parfüm fest. All dies wurde von unserer Untersuchung bestätigt. Weitere Untersuchungen konnten die Tatwaffe nicht zum Vorschein bringen. Tisch und Stühle waren umgeworfen. Allgemeiner Eindruck läßt auf einen Kampf schließen. Das Bett wurde benutzt, offensichtlich von einem Mann und einer Frau. Ein Kissen roch nach Parfüm, und es ließen sich Puder- und Lippenstiftspuren, sowie einige lange, dunkle Haare feststellen. Das andere Kissen zeigte leichte Spuren von Haaröl und einige kürzere, dunkle Haare. Auf dem Boden in der Nähe des Bettes wurde ein kleiner Gegenstand gefunden, bei dem es sich um einen Teil einer Kontaktlinse zu handeln scheint. Verschiedene Gegenstände wurden offensichtlich abgewischt, um Fingerabdrücke zu entfernen, die die Benutzer des Zimmers identifizieren könnten. Es gab keinen Aschenbecher, auch keine Whiskyflasche oder Gläser, die man eigentlich zu finden erwartet hätte. Keine Bekleidungsstücke.«

Er dachte einen Augenblick nach und fügte hinzu: »Erste, vorläufige Einschätzung: möglicherweise Vergewaltigung mit

Mord oder Streit zwischen Liebespaar. Möglicherweise wurde Frau getötet und Leiche weggeschafft.«

D'Aquin, der bei Basous' langsamer, umständlicher Methode manchmal ungeduldig wurde, fragte: »Soll ich im Labor anrufen und die Spurensicherung kommen lassen?«

»Ja, obwohl ich das Gefühl habe, daß die nicht viel finden werden. Aber natürlich brauchen wir auch die Blutgruppe.«

Auf dem Weg die schmale, gewundene, eiserne Treppe hinunter sagte D'Aquin: »Natürlich wissen wir noch nicht, ob hier überhaupt ein Verbrechen begangen wurde.«

»Meinst du vielleicht, es handelt sich nur um einen schweren Fall von Nasenbluten?« sagte Basous trocken.

»Nun, es könnte ja auch ein Unfall gewesen sein –«

»Und warum hat sich dann jemand die Mühe gemacht, alle Spuren von Zigaretten, Aschenbechern, Flaschen und Gläsern zu entfernen, die einfach hier gewesen sein müssen, nach dem Geruch zu urteilen, der immer noch im Zimmer hängt? Nein, das war schon eine Gewalttat, was sich letzte Nacht hier abgespielt hat«, sagte Basous bestimmt.

Als sie die Straße erreichten, zog gerade eine frühe *Mardi gras*-Parade vorbei. Eine marschierende Dixielandband spielte laut. Die Bürgersteige waren bereits voller Menschen.

D'Aquin brachte Basous' Umschläge ins Polizeilabor, während Basous selbst sich noch etwa eine Stunde lang in der Nachbarschaft aufhielt und Leute befragte. Bei einer Person war sein Besuch, wie sich herausstellen sollte, nicht umsonst. Direkt gegenüber dem Nordeingang des Hofes befand sich eine kleine Künstlerwerkstatt und Privatgalerie. Der Künstler hieß Benjamin Wyle, ein dünner Mann mit einem buschigen, roten Bart. Er hatte bis weit nach Mitternacht geöffnet gehabt, in der Hoffnung, einige seiner Bilder an Touristen verkaufen zu können. Gegen zwei Uhr hatte er gesehen, wie ein Mann und eine Frau das Hoftor aufgeschlossen hatten und hineingegangen waren. Die beiden waren nicht mehr ganz nüchtern gewesen und standen offensichtlich auf sehr freundschaftlichem Fuß. Den Mann hatte er nicht genau sehen können, aber die Frau, und er konnte sie in Einzelheiten beschreiben. »Sie war eine bemerkenswert schöne Frau«, sagte er.

»Sie sind doch Maler«, sagte Basous. »Könnten Sie mir nicht ein

Bild von ihr malen, wenn möglich in Farbe?«

»Ich denke schon. Ein Gesicht wie das dieser Frau vergißt man als Maler nicht so schnell.«

Der Künstler begann unverzüglich mit der Arbeit. Basous machte sich auf die Suche nach einem Frühstück. Er fand auch bald ein kleines Café, das nicht von Touristen überlaufen war, und er bestellte Pfannkuchen und mehrere Tassen *Café au lait*. Als er den Künstler eine Stunde später wieder aufsuchte, reichte Benjamin Wyle ihm die fertige Zeichnung. Sie zeigte eine brünette Frau von etwa dreißig Jahren.

»Ich muß Ihnen beipflichten«, sagte Basous. »Es ist wirklich eine schöne Frau – sehr anziehend.«

Er zeigte den Bewohnern der Wohnungen um den Hof herum die Zeichnung, aber niemand hatte die Frau gesehen. Dann erkämpfte Basous sich seinen Weg durch die *Mardi gras*–Menge, die von Minute zu Minute dichter wurde und die Straßen fast unpassierbar machte. Endlich erreichte er doch das Kommissariat in der South Broad Street, wo er seinen Partner, Leutnant D'Aquin, schon vorfand. Er zeigte D'Aquin die Zeichnung. Dieser pfiff bewundernd (er war eben ein richtiger Weiberheld) und sagte: »Was für eine Schande, so etwas zu vergeuden. Und was wollen wir jetzt tun?«

»Nun, ich denke, wir sollten uns einmal mit diesem Bubba Noss unterhalten, der die Miete für die Wohnung zahlt, *n'est-ce pas*?«

Von der Vermieterin hatten sie die Information erhalten, daß Bubba Noss in einem anderen Teil der Stadt einen sogenannten ›head-shop‹ besaß, der hauptsächlich von Hippies frequentiert wurde.

»Wir werden einen Umweg machen müssen«, sagte D'Aquin mit einem Kopfnicken auf die Menschenmenge in den Straßen.

Der Himmel hatte sich bewölkt. Ein kalter Nebel hing in der Luft. Basous stellte den Mantelkragen hoch und trottete zum Auto. D'Aquin setzte sich ans Steuer. Mercer Basous haßte dichten Verkehr und Menschenmengen. Nur wegen seiner Arbeit, die er liebte, blieb er in der Stadt. Andernfalls wäre er nur zu gerne in das kleine Dorf im Bayou zurückgekehrt, in dem er aufgewachsen war, und hätte sich seinen Lebensunterhalt mit dem Fangen und Verkaufen von Bisamratten verdient.

Bubba Noss war mehr als einen Meter achtzig groß, wog zweihundertfünzig Pfund, trug einen Vollbart, Perlen und Sandalen, und konnte die Polizei nicht leiden.

»Nein, ich kenne sie nicht«, sagte er unwillig und gab D'Aquin die Zeichnung zurück.

»Sie war aber letzte Nacht in Ihrer Wohnung.«

»Mann, in meiner Wohnung sind jede Nacht Unmengen von Puppen.«

»Es sieht aber so so aus, als wäre diese hier dort umgebracht worden«, sagte D'Aquin.

Bubba sah ihn mürrisch, feindselig an. »Hören Sie, ich habe keine Ahnung, von was Sie da reden.«

Basous sah sich im Laden um. Es roch nach Räucherstäbchen, die man wahrscheinlich angezündet hatte, um den Geruch von Marihuana zu überdecken, das hier geraucht wurde. Die Sachen, die man hier kaufen konnte, waren ausgefranste Lederjacken, Schlapphüte, Bücher und verschiedene andere Kleidungsstücke und Utensilien, die bei den Hippies ›in‹ waren. Mehrere bärtige, sandalentragende junge Leute standen herum und starrten die beiden Polizeibeamten unfreundlich an.

»Ihre Wohnung schwimmt in Blut«, fuhr D'Aquin fort. »Jemand, und wir glauben, daß es diese Frau ist, muß dort mit einem Messer ziemlich schlimm zugerichtet worden sein.«

»Mann, Sie haben ja wohl eine Meise. In meiner Wohnung ist kein Blut.« Dann rief er auf einmal: »Oder, Moment mal. Meinen Sie vielleicht das Zimmer im Französischen Viertel?«

»Haben Sie denn mehr als eine Wohnung?«

»Ja, eigentlich wohne ich hier, über dem Laden. Das Zimmer im Viertel behalte ich einfach nur so. Wissen Sie, wegen der Atmosphäre. Manchmal, wenn ich oder einer meiner Freunde einem Mädchen von außerhalb imponieren wollen, bringen wir sie dorthin. Manchmal benutzen Freunde oder Kunden die Wohnung für Parties. Mann, jede Menge Leute haben den Schlüssel dafür.«

»Wo waren Sie selbst letzte Nacht?«

»Hier – oben. Wir hatten am frühen Abend eine riesige Party.«

»Und nach Mitternacht?«

Bubbas Bart teilte sich, als er breit grinsend die Zähne zeigte. »Nach Mitternacht war ich im Knast. Die Bullen sind gekommen und haben uns alle wegen Ruhestörung verhaftet. Die dachten, wir würden Gras rauchen, aber sie haben keins gefunden. Ich bin erst vor einer Stunde wieder rausgekommen.«

»Du mußt zugeben«, sagte D'Aquin »daß das ein ziemlich gutes Alibi ist.«

»Ja, ja«, sagte Basous mürrisch, und während er und sein Partner ins Kommissariat zurückfuhren, starrte er mürrisch in die *Mardi gras*-Menge hinaus. Im Kommissariat angekommen, ging Basous direkt ins Labor im ersten Stock.

»Ich habe mir das Material angesehen, das Sie mir geschickt haben, Leutnant«, sagte der Laborchemiker. »Ich bin gerade dabei, meinen Bericht zu tippen, aber ich kann ja schon kurz zusammenfassen, was wir gefunden haben. Auf einem der Kopfkissenbezüge befanden sich Spuren von Gesichtspuder, Lippenstift und Parfüm. Das alles war leicht zu erkennen, wird Ihnen aber keine große Hilfe dabei sein, die Person zu identifizieren, die sie benutzte. Alles ist zwar von guter Qualität, aber doch sehr bekannt und wird häufig gekauft. Auf jeden Fall hat die Frau einen guten Geschmack. Das andere Kopfkissen zeigte Spuren von Haaröl, wie Männer es benutzen. Die Haare von diesem Kopfkissen hatten sehr viel schwarze Farbpigmente. Auch die längeren Haare von dem Kopfkissen mit den Lippenstiftspuren sind stark pigmentiert, aber sehen Sie mal durchs Mikroskop.«

Basous beugte sich darüber. »Sie haben keine Wurzeln«, sagte er.

»Genau. Wir können also ziemlich sicher sein, daß die Haare von einer Perücke mit Echthaar stammen. Und jetzt sehen Sie sich das an. Er legte ein anderes Glasplättchen mit einem Haar unter das Mikroskop. »Sehen Sie den Mangel an Pigmenten in den Leerräumen – den Vakuolen? Dieses Haar stammt ohne jeden Zweifel von einer blonden Person. Meine kluge Vermutung lautet also, daß die Frau eine brünette Perücke trug, in Wirklichkeit aber von Natur aus blond war.«

»Hmm« murmelte Basous. »Ich werde mir eine andere Zeichnung der Frau machen lassen, diesmal mit blonden Haaren. Und was ist mit dem Stückchen Plastik? Mein Partner und ich nehmen an, daß es von einer Kontaktlinse stammt.«

»Richtig. Ich habe jemanden zu einem Optiker geschickt, und die konnten sogar feststellen, welche Dioptrie die Linse hat. Hier ist der Bericht.« Er reichte Basous einen Zettel. »Und übrigens, das Blut gehört zur Blutgruppe B negativ.«

»Danke. Irgendwelche Fingerabdrücke?«

»Da hatten wir nicht viel Glück. Meist waren es nur Schmierflekke. Irgend jemand hat alles abgewischt.«

»Das habe ich mir schon gedacht, denn wer immer es auch war, hat Flaschen, Gläser und Aschenbecher verschwinden lassen. Auf jeden Fall vielen Dank.«

Basous übergab die Zeichnung der Frau einem Maler, der des öfteren für die Polizei arbeitete und bat ihn, die Frau als Blondine zu zeichnen. Er fragte nach, ob es vielleicht schon eine passende Vermißtenmeldung gebe, aber zur Zeit war niemand als vermißt gemeldet, weder männlich noch weiblich. Dann gingen er und D'Aquin zum Mittagessen.

Basous bestellte Muscheln Bienville, zu denen er eine kleine Flasche Chablis trank. Nach dem Essen tranken beide Kaffee Louisiana, tiefschwarz und schwer. Während des Essens erzählte Basous D'Aquin, was er im Labor erfahren hatte.

D'Aquin faßte alles noch einmal zusammen: »Irgendwann zwischen zwei Uhr morgens und Morgengrauen betrat eine blonde Frau mit einer brünetten Perücke zusammen mit einem dunkelhaarigen Mann die Wohnung von Bubba Noss im Französischen Viertel. Sie feierten eine kleine Party, tranken Whisky, und dann wurde die Frau, die Blutgruppe B negativ hat, niedergestochen und wahrscheinlich getötet.«

»Ich wüßte wirklich nicht, wie jemand soviel Blut verlieren und überleben kann«, stimmte Basous ihm zu.

»Aber wir wissen, daß Buba Noss nicht der Täter ist, weil er zum Zeitpunkt der Tat im Gefängnis war.«

»Ja, und nach dem, was er uns erzählt hat, kämen zahllose Leute als Täter in Frage. Offensichtlich benutzen all seine Freunde die Wohnung als Partyraum und um sich mit Mädchen zu treffen. Sowohl der Mann, als auch die Frau, vielleicht sogar beide, hätten einen Schlüssel haben können.«

D'Aquin sagte: »Und unsere Aufgabe ist es nun, die Identität des Paares festzustellen, angefangen bei der Frau, weil wir von ihr wenigstens wissen, wie sie aussieht.«

»Und wir haben die Kontaktlinse«, erinnerte Basous ihn.

»Höchstwahrscheinlich gehörte sie der Frau. Sie war bestimmt zu eitel, um ihr Aussehen durch eine Brille zu verschandeln. Und da sie offensichtlich, wie aus den Kosmetika zu schließen ist, Klasse besaß, konnte sie sich wahrscheinlich den besten Arzt und Augenoptiker leisten. Wir könnten heute nachmittag bei den Ärzten nachfragen. Vielleicht erkennt jemand sie nach der Zeichnung«, spann D'Aquin den Faden weiter.

»Könnte klappen, außer natürlich, sie war gar nicht von hier – es sind schließlich jede Menge Touristen in der Stadt. Vielleicht gehörte die Kontaktlinse auch dem Mann, oder jemand anders hat sie schon lange vorher hier verloren gehabt.«

»Das mag ich so an dir«, sagte D'Aquin. »Du bist immer so verdammt optimistisch.«

Sie verbrachten den Nachmittag damit, sich durch die Menge zu wühlen, die von Stunde zu Stunde dichter und betrunkener wurde.

Sie besuchten sieben Augenärzte, und in der achten Praxis hatten sie endlich Glück. Sie brauchten nicht einmal den Arzt selbst zu stören. Die Sprechstundenhilfe erkannte die Frau von der Zeichnung – mit blonden Haaren – sofort. »Oh, ich bin mir ganz sicher, daß das Mrs. Arthur Turner ist – Linda Turner. Sie war erst letzten Monat bei uns.«

»Hat sie Kontaktlinsen dieser Stärke verordnet bekommen?« fragte Basous und reichte ihr den Zettel, auf dem die Zahlen standen.

»Ich kann mal nachsehen«, sagte die Sprechstundenhilfe, ging zu einem Karteischrank und kam kurze Zeit später mit einer Karte zurück. »Ja, das hat sie.«

Basous Gesicht spiegelte einen Augenblick lang seine innere Freude wider. »Könnten wir ihre Adresse haben?«

Sie schrieb ihnen die Adresse auf. »Ich hoffe, daß ihr nichts passiert ist, oder doch?« fragte sie dann.

Basous antwortete nicht. Zusammen mit seinem Partner ging er zum Auto zurück. Basous sah auf die Adresse und sagte etwas auf Bayou-Französisch. D'Aquin verstand ihn nicht. »Sie wohnt im Garden District«, sagte Basous dann. »Eine sehr vornehme Adresse.«

Sie fuhren hin und parkten vor dem Haus. Basous ließ seinen Blick über die wohlgepflegte Rasenfläche schweifen, über das sichtlich teure Haus mit den ionischen Säulen im Stil alter Plantagenbesitze. »Du kannst mir glauben, ich freue mich nicht auf meine Aufgabe – dem Mann erzählen zu müssen, daß seine Frau sich letzte Nacht mit einem anderen herumgetrieben hat, und dann wahrscheinlich erstochen in den Fluß geworfen wurde.«

»Wieso er sie noch nicht als vermißt gemeldet hat?«

»Vielleicht hat sie ihm erzählt, sie würde Verwandte oder Freunde besuchen, und deshalb hat er sie noch gar nicht vermißt.«

Sie klingelten. Eine Mädchen führte sie in den Salon, nachdem Basous ihr seine Karte gezeigt hatte. Er ließ sich vorsichtig auf einem antiken Stuhl nieder und betrachtete den Flügel in der Ecke, die dicken Teppiche, die teuren Gemälde, und drehte seinen Hut in der Hand.

Schließlich kam Arthur Turner durch die Tür, ein Mann in den Fünfzigern, mit silbrigem Haar und tiefer Sonnenbräune, die er sich wahrscheinlich beim Golfspielen erworben hatte. »Meine Herren – Mildred sagte mir, Sie seien von der Polizei.«

»Ja«, sagte Basous und sah seinen Partner unbehaglich an. Er stellte sich solchen Fällen meistens nicht sehr geschickt an.

D'Aquin kam ihm zu Hilfe. »Es geht um Ihre Frau, Sir«, sagte er sanft. »Wann haben Sie sie zuletzt gesehen?«

Turner sah ihn überrascht an. »Vor etwa zwei Minuten. Wir trinken gerade einen Cocktail im Wohnzimmer. Wieso fragen Sie?«

D'Aquin drehte sich um und starrte Basous dümmlich an, der vermutete, daß auch sein Ausdruck wohl eher dem eines überraschten Schafes glich. Schließlich aber räusperte er sich und fragte höflich: »Könnten wir vielleicht mit Ihrer Frau sprechen?«

»Nun, ich denke schon«, sagte Turner. Er verließ das Zimmer und kam wenige Augenblicke später mit seiner Frau zurück, einer faszinierenden, blonden Frau – Linda Turner.

Die beiden Kriminalbeamten erhoben sich. Jetzt war es an Basous, sich zu räuspern. »Entschuldigen Sie bitte unser Eindringen, Mrs. Turner, aber könnten Sie uns sagen, wo Sie sich letzte Nacht aufgehalten haben?«

Sie sah ihn mit einem überraschten Ausdruck an, warf dann

einen Blick auf ihren Mann und ließ ihre Augen zu Basous zurückkehren. »Ich war hier, zu Hause, bei meinem Mann. Weshalb fragen Sie?«

Turner hatte den Arm um seine Frau gelegt. »Wir haben gemütlich hier zu Hause zu Abend gegessen und anschließend ferngesehen. Der Trubel in der Stadt ist uns einfach zuviel. Würde es Ihnen etwas ausmachen uns zu sagen, was das alles soll, Sir?«

»Entschuldigen Sie bitte die Störung. Vielleicht handelt es sich einfach um eine Verwechslung. Wir führen nur eine Routineuntersuchung durch.«

Wieder im Auto sagte D'Aquin: »Sie lügt.«

»Natürlich lügt sie. Und ihr Mann deckt sie. Es gibt gar keinen Zweifel daran, daß sie die Frau von der Zeichnung ist.« Dann schlug Basous sich mit der Hand vor die Stirn. *»Mon dieu!* Es war also der Mann, dem der Hals durchgeschnitten wurde, und wir haben die ganze Zeit angenommen, es sei die Frau gewesen. Aber ich verstehe einfach nicht, wie eine Frau einen Mann erstechen und ihn dann die Treppe hinunter und quer über den Hof tragen kann.«

»Vielleicht ist er noch aus eigener Kraft so weit gestolpert.«

»Oder die Frau hatte Hilfe. Aber warum sollte sie ihn umbringen? Hat er vielleicht versucht, sie zu erpressen? Oder war es aus Eifersucht? Auf jeden Fall können wir sie noch nicht festnehmen. Alles ist noch zu wacklig und undurchsichtig. Wir wissen noch nicht einmal, wer der Mann war. Weißt du, ich glaube, wir sollten mal alle Leute überprüfen, die gestern nacht bei Bubba Noss' Party verhaftet worden sind. Ich habe so das Gefühl, daß Linda Turner, oder der Mann, der bei ihr war, oder auch beide, mit dieser Gruppe zu tun haben. Vielleicht sind Bubbas Freunde mehr bereit als er, mit uns zu reden, vor allem, wenn wir sie ein bißchen unter Druck setzen.

Im Kommissariat gingen Basous und D'Aquin die Liste der letzte Nacht Verhafteten durch, dann prüften sie nach, ob jemand davon vorbestraft war. Mehrere hatten kleinere Vorstrafen, und Basous wählte sich die Person aus, die am vielversprechendsten klang. »Nikki Lane, weiblich, einundzwanzig Jahre alt. Mehrere Verhaftungen. Eine Vorstrafe wegen Besitz von Marihuana. Hat im Jugendgefängnis gesessen. Danach ein Jahr unter Bewährung.«

Basous sagte: »Laß uns Miss Lane einen Besuch abstatten. Wie ich sehe, wohnt sie in einem Dorf auf der anderen Seite des Flusses. Wie es sich so trifft, kenne ich im selben Dorf ein kleines Restaurant, das von den Touristen noch nicht entdeckt sein wird, und das den allerbesten, echten, hausgemachten kreolischen Gumbo serviert, den du je gegessen hast. Und bis wir dort sind, wird es auch schon Zeit zum Abendessen sein.«

D'Aquin lachte. »Du liebst es wirklich, deine Mahlzeiten pünktlich einzunehmen.«

Basous nickte.

Sie fuhren über die Huey Long Brücke und hielten bei dem kleinen Restaurant an. Man servierte ihnen dampfende Teller mit kreolischem Gumbo, und als D'Aquin sein Essen probierte, kamen ihm die Tränen in die Augen. Er nahm hastig einen Schluck Wein. »Mensch, ist das scharf.«

»Das ist echte, louisianische Cajunküche«, sagte Basous glücklich, während Schweißtropfen ihm über das Gesicht rannen. »Das hier gibt einem Mann die Kraft, den ganzen Tag lang die Piroge zu staken und abends und nachts noch den *faisdodo* zu tanzen.«

Nach zwei großen Tellern mit Gumbo und mehreren Tassen schwarzen Kaffees war Basous bereit, Nikki Lane zu besuchen. Sie stellten fest, daß sie in einer Reihe von verfallenen Holzhütten wohnte, dicht am Ufer. In dem unkrautüberwucherten Hof standen mehrere Motorräder. Als die beiden Beamten anklopften, wurde ihnen die Tür von einer jungen Frau mit strähnigem, blonden Haar, die Bluejeans trug und barfuß war, geöffnet. Sie hatte ein Baby auf dem Arm.

»Wir möchten zu Miss Nikki Lane«, sagte Basous.

Sie sah sie wachsam und mißtrauisch an. »Das bin ich. Was wollen Sie?«

Basous zeigte ihr seine Marke. Ihr Ausdruck veränderte sich. Sie sah jetzt ängstlich aus. »Hören Sie, ich bin sauber«, sagte sie. »Warum lassen Sie mich nicht in Ruhe?«

»Sie wurden letzte Nacht verhaftet?«

»Das war ein Irrtum. Wir wurden wegen Ruhestörung mitgenommen. Die glaubten, sie würden Gras oder Haschisch bei uns finden, aber sie mußten uns heute morgen wieder gehen lassen.«

»Uns geht es nur um folgendes: Sie gehören doch zu der Gruppe von Bubba Noss und seinen Hippies. Haben Sie diese Frau schon einmal gesehen? Kommt sie zu seinen Parties?« Basous zeigte ihr die beiden Zeichnungen von Linda Turner, sowohl mit blondem als auch mit brünettem Haar.«

»Und das ist alles, was Sie wissen wollen?«

»Ja, außer natürlich, Sie weigern sich, uns behiflich zu sein. Dann könnte es natürlich sein, daß uns noch eine ganze Menge anderer Fragen einfallen.«

Die Erleichterung war ihr deutlich anzusehen. »Natürlich kenne ich sie, und ich wüßte keinen Grund, weshalb ich Ihnen das nicht sagen sollte.« Sie zuckte die Schultern und deutete auf die Zeichnung mit dem brünetten Haar. »Das ist Helen Davis. Ich habe sie schon öfter bei den Parties gesehen.«

»Hat sie irgendwann einmal gesagt, daß sie Linda Turner heißt?«

»Davon weiß ich nichts. Ich kenne sie als Helen Davis.«

»War sie auch gestern nacht auf der Party?«

»Ja, aber sie ist schon früh gegangen. Noch bevor die Polizei kam.«

»War sie mit jemand zusammen?«

»Na sicher, mit demselben Typ, mit dem sie immer kommt. Er heißt Ron Giampietro.«

»Ron Giampietro«, murmelte D'Aquin, als sie über die Huey Long Brücke zurückfuhren.

Der Name war beiden Beamten bekannt. Giampietro war Besitzer einer kleinen Striptease-Bar in der Bourbon Street, aber hauptsächlich betätigte er sich als Buchmacher und war der Polizei wegen mehrerer Straftaten wohlbekannt.

»Ich frage mich, wieso sich eine Dame der besseren Gesellschaft, wie Linda Turner, sich mit so einem zwielichtigen Charakter einläßt«, murmelte Basous vor sich hin.

»Typen wie er wirken oft auf Frauen«, sagte D'Aquin, der sich selbst als eine Art Experte in weiblicher Psychologie betrachtete. »Sie langweilen sich bei ihren reichen Männern und in ihren hübschen, sicheren, langweiligen Häusern. Sie suchen nach Abenteuern, und ein zwielichtiger Charakter, wie du sagst, ein Außenseiter, ein kleiner Gangster, bringt ihr Blut in Wallung.«

»Nun, falls es Giampietro war, mit dem sie gestern nacht in der

Wohnung im Französischen Viertel war, dann wurde entweder er selbst umgebracht, oder er hat jemand anderen umgebracht, von dem wir noch nichts wissen.«

Sie suchten einen Parkplatz, was nicht gerade einfach war, und mußten noch ein gutes Stück zu Fuß gehen, bis zu der Adresse, die ebenfalls im Französischen Viertel lag. Das *Vieux Carré* war während des Karnevalstrubels für Autos gesperrt. Inzwischen war die Dunkelheit schon eingebrochen, eine kalte, nebligfeuchte Dunkelheit, die einen nassen Schimmer auf die schmiedeeisernen Balkongitter legte und die alten, oft schon ziemlich heruntergekommenen Gebäude in einen sanften Mantel hüllte. Aber den vielen Menschen, die heute den *Mardi gras* feierten, konnte das ungemütliche Wetter nichts anhaben. Die engen Straßen und Gassen quollen über vor ausgelassenen, tanzenden Menschen, von denen viele Gläser und Flaschen bei sich trugen. Aus jeder Tür strömte laute Jazzmusik, stöhnten Saxophone, jammerten Trompeten.

Basous und D'Aquin sprachen mit dem Manager von Ron Giampietros Striptease-Bar, die den Namen Blauer Punkt trug. Nein, sagte der Manager, er hatte Mr. Giampietro seit gestern nicht gesehen. Nein, er würde nicht zulassen, daß Mr. Giampietros Wohnung ohne Durchsuchungsbefehl durchsucht würde.

Die beiden Beamten machten sich auf die Suche nach einem Richter, der ihnen den Durchsuchungsbefehl ausstellen würde. Es war schon fast Mitternacht als sie mit dem Befehl zurückkamen. Giampietros Wohnung lag im Hinterhaus des Gebäudes, in dem sich der Blaue Punkt befand, quer über einen Hof zu erreichen. Sie war, das sah man auf den ersten Blick, mit viel Geld eingerichtet worden. Basous und D'Aquin verbrachten eine Stunde damit, die Wohnung sorgfältig und genau zu durchsuchen. Schließlich fand Basous etwas, das ihnen weiterhalf. Es war ein Notizbuch. Er studierte die Namen und Zahlen, die ordentlich in Spalten darin eingetragen waren, und er stieß einen überraschten Ausruf aus, als er eine ganz bestimmte Eintragung erreichte.

»Was ist denn?«

»Wenn ich mich nicht sehr täusche, weiß ich jetzt, was gestern nacht passiert ist. Ron Giampietro wurde tatsächlich umgebracht, und ich weiß jetzt, wer sowohl ein Motiv als auch die Gelegenheit hatte. Komm mit.«

Basous zerrte D'Aquin hinaus auf die Straße. Mit langen Schritten durchpflügte er die Menschenmenge. Sie hatten nur wenige Blocks zu gehen bis zur Werkstatt von Benjamin Wyle, die genau dem Haus gegenüber lag, in dem sich Linda Turner, alias Helen Davis, und Ron Giampietro, letzte Nacht aufgehalten hatten.

»Ah, Mr. Wyle«, sagte Basous. »Ich sehe, Sie haben immer noch geöffnet.«

»Man muß seine Chancen eben nutzen, Leutnant, und bei all den Touristen, die jetzt in der Stadt sind, und denen der Geldbeutel locker sitzt, geht das Geschäft ausgezeichnet.« Er lächelte und fuhr sich mit den Fingern durch den buschigen roten Bart. »Haben Sie schon herausgefunden, wer die Frau ist, die Sie suchen?«

»O ja, das haben wir. Und wir wissen jetzt auch, wer der Mann war, der bei ihr war.«

»Das nenne ich gute und schnelle Arbeit. Wer war er denn?«

»Ron Giampietro. Kennen Sie ihn, Mr. Wyle?«

»Lassen Sie mich nachdenken. Ja, ich glaube, er hat eine Striptease-Bar hier in der Nähe. Ist er das?«

»Aber Mr. Wyle, Sie kennen ihn doch besser. Sie haben doch Wetten bei ihm abgeschlossen. Sie scheinen sogar ein guter und häufiger Kunde bei ihm gewesen zu sein, wenn man aus der Summe schließen will, die Sie ihm schulden.«

Das Gesicht des Malers wurde blaß. »Woher wissen Sie –«

»Mr. Giampietro hat sehr sorgfältig Buch geführt. Er hat genau verzeichnet, wieviel Sie verloren haben, und wieviel Sie ihm noch schulden. Er ist bekannt dafür, daß er Leute, die ihre Schulden nicht bezahlen können, ganz schön unter Druck setzt. Womit hat er Ihnen gedroht, Mr. Wyle? Daß er Ihnen beide Arme brechen würde? Und sind Sie deshalb drüben in die Wohnung gegangen, wo Sie ihn völlig unvorbereitet erwischen konnten, während er ein romantisches Techtelmechtel mit Mrs. Turner hatte? Sie haben ihn getötet und seine Leiche weggeschafft. Wahrscheinlich haben Sie sie in den Fluß geworfen. Natürlich wußten Sie, daß Mrs. Turner Sie nicht verraten würde, denn sonst hätte sie ja auch ihre anrüchige Affäre mit ihm preisgeben müssen.«

Das Gesicht des Malers war jetzt von der Farbe schmutziger,

angegrauter Bettlaken. »Nein, einen Augenblick mal –«

»Lies ihm seine Rechte vor.«

D'Aquin rezitierte: »Sie haben das Recht, die Aussage zu verweigern. Alles, was Sie sagen, kann als Beweismaterial gegen Sie verwandt werden. Sie haben das Recht, einen Anwalt zu bestellen. Wenn Sie sich keinen Anwalt leisten können –«

»Einen Augenblick mal!« schrie Wyle. »Sie können mir den Mord nicht anhängen.« Er wischte sich das schwitzende Gesicht mit einem Taschentuch ab. »Das mit den Schulden stimmt. Es stimmt auch, daß Giampietro mich bedroht hat. Ich hatte wirklich Angst vor ihm. Aber ich habe ihn nicht umgebracht. Es war Arthur Turner.«

»Was?«

»Ich erkannte Mrs. Turner trotz der brünetten Perücke. Ich hatte sie schon vorher gesehen. Ihr Mann und sie hatten mir ein Bild abgekauft, für das riesige Haus, in dem sie wohnen. Als ich sah, wie sie mit Giampietro raufging, habe ich Arthur Turner angerufen. Ich habe ihm gesagt, wenn er zu dieser Adresse kommen würde, könnte er seine Frau zusammen mit Ron Giampietro im Bett finden. Ich sagte ihm, das westliche Tor wäre nicht verschlossen. Die Straße auf dieser Seite ist nicht für Autos gesperrt. Ich habe einen Schlüssel zum Hof, weil ich selbst dort eine Wohnung habe.

Als Sie heute morgen zu mir kamen, habe ich Mrs. Turner gezeichnet in der Hoffnung, daß Sie sie finden und sie und ihren Mann des Mordes anklagen würden. Natürlich mußte ich sie mit den brünetten Haaren zeichnen, falls noch ein anderer Zeuge auftauchen würde. Aber jeder, der sie kannte, hätte sie auch mit den dunklen Haaren erkannt.«

Am nächsten Morgen wurde Arthur Turners Auto durchsucht. Der Kofferraum war gerade erst gereinigt worden, aber eine gründliche Untersuchung durch die Spezialisten der Polizei ergab Spuren von Blut der Blutgruppe B negativ. Dieser Beweis, zusammen mit der Aussage von Benjamin Wyle – dem Straffreiheit zugesichert werden mußte – und der Aussage von mehreren anderen, die von der Affäre zwischen Linda Turner und Giampietro wußten, wäre schon genug gewesen, auch wenn Giampietros Leiche nicht im Bayou gefunden worden wäre, wo Turner ihn hineingeworfen hatte. Es gab genug Indizienbeweise, um Arthur Turner zu verurteilen.

Offensichtlich hatte Mrs. Turner Reue gezeigt und ihren Mann um Vergebung gebeten, und Arthur Turner, der seine junge, schöne Frau leidenschaftlich liebte, hatte ihr vergeben, nachdem er Giampietro aus dem Weg geschafft hatte.

Basous hätte sich eigentlich glücklich fühlen müssen, nachdem er den Fall erfolgreich abgeschlossen hatte, aber auf seinem Gesicht lag ein Ausdruck von noch tieferem Ernst als üblich. »Weißt du, was mir wirklich keine Ruhe läßt?« sagte er zu D'Aquin.

»Was?«

»Daß der wahre Mörder völlig ungeschoren davonkommt. Als Wyle in dieser Nacht zum Telefon ging und Arthur Turner anrief, hat er Giampietro so sicher getötet, als hätte er selbst das Messer benutzt, und es gibt absolut nichts, was wir gegen ihn unternehmen können. Ist dir klar, daß Benjamin Wyle einen Mord begangen hat und ungestraft davonkommt?«

Originaltitel: YOU CAN GET AWAY WITH MURDER. 1/75

Frank Sisk

Gefängnisgespräche

»Willkommen an Bord. Wie heißen Sie denn?«

»Nennen Sie mich Alec. Und wie heißen Sie?«

»Alec, und wie weiter?«

»Alec Smith, Alec Jones, Alec Brown, oder White, oder Black. Sie haben die Wahl.«

»Waren Sie vorher schon einmal hier, Alec?«

»Nein. Ich habe es mir zur Gewohnheit gemacht, derartigen Orten fernzubleiben. Und was sind Sie, Mann? Eine Art Gefängnisquizmeister?«

»Aber nein, ich bin genau wie Sie ein unfreiwilliger Gast. Ich heiße Cornelius Fitzhugh, aber nennen Sie mich bloß nicht Connie. Sie können Fitz zu mir sagen.«

»Also gut, Fitz. Gehört Ihnen die obere Pritsche?«

»Ja, aber nicht aus freier Wahl. Diese Zelle hatte bereits einen Bewohner, als ich vor einer Woche ankam. So ein Hippie, wissen Sie. Die Haare wuchsen ihm überall heraus, Nase und Ohren eingeschlossen. Der hat vielleicht geschlafen. Aber wahrscheinlich war er vollgepumpt mit Rauschgift. Viel geredet hat er nicht, und wenn, dann konnte man ihn kaum verstehen. Es ging das Gerücht, daß er mit einem Lastwagen voll Farbfernseher, Radios und Stereoanlagen erwischt worden sei. Vor zwei Tagen ist er abgeholt worden, wahrscheinlich um gevierteilt zu werden. Auf jeden Fall, als ich vor einer Woche hier ankam, hatte der Kerl es sich schon auf der unteren Pritsche gemütlich gemacht, und da mußte ich mir die obere nehmen. Inzwischen habe ich mich dran gewöhnt. Irgendwelche Einwände?«

»Kein Problem, Mann. Die untere Pritsche ist mir genauso recht.«

»Sind Sie sicher?«

»Sicher bin ich sicher. Mir ist es egal, wo ich schlafe, selbst wenn es der Fußboden wäre.«

»Na schön, Alec. Das ist ja prima. Wie lange erwarten Sie zu bleiben?«

»Hier?«

»Ja.«

»Mein Anwalt arbeitet schon an der Sache.«

»Meiner auch. Das heißt, wenn er nüchtern ist und zufällig daran denkt. Weshalb sind Sie hier?«

»Sie fangen ja schon wieder mit der Fragerei an, Fitzy.«

»Fitz genügt, Alec. Ich habe etwas gegen lange Abkürzungen.«

»Was Sie nicht sagen.«

»Was ich nicht sage.«

»Ich werde mich bemühen, es nicht zu vergessen.«

»Danke. Weshalb sind Sie also hier, Alec? Schließlich ist das ja sowieso kein Geheimnis. Es gibt Akten darüber.«

»Genau wie auch über meinen Namen, mein Geburtsdatum und den Geburtsort. Aber ich binde das nicht jedem auf die Nase, der zufällig danach fragt.«

»Nun, das ist doch etwas anderes.«

»Es ist Privatsache, Mann. Meine ganz persönliche Privatangelegenheit.«

»Hier ist es aber nicht sehr privat, Alec. Die Monotonie wird erst dann ganz erträglich, wenn man ein paar Geheimnisse mit dem Menschen teilt, mit dem man auch die Toilette teilt.«

»Hören Sie zu, Mann, Sie kommen mir irgendwie komisch vor. Und Sie sehen ganz sicherlich nicht aus wie jemand, der wegen Handtaschenraub hier ist. Sie haben so eine vornehme Art an sich, und dazu noch der Name, der schon alles sagt. Cornelius Fitzhugh. *Cornelius!* Warum fangen wir nicht ganz von vorne an, Fitz, und gehen die Sache von der anderen Seite an. Was, zum Teufel, hat einen wohlgenährten Kater wie Sie hinter Gitter gebracht? Beantworten Sie mir diese Frage, und dann können wir vielleicht weitersehen.«

»Unterhaltszahlungen. Unterlassung von.«

»Nein.«

»Doch.«

»Ja, das könnte zu Ihnen passen. Ich wußte gar nicht, daß Leute dafür immer noch eingebuchtet werden.«

»O doch, wenn man eine widerliche Exfrau hat und einen ständig alkoholisierten Anwalt.«

»Suchen Sie sich doch einen anderen.«

»Das habe ich auch vor. Aber bis dahin werde ich ein paar

Scheine absitzen.«

»Schulden Sie einen Haufen?«

»Wenn Sie zehntausend Dollar als Haufen bezeichnen wollen.«

»Und Sie kriegen sie nicht zusammen?«

»Ich könnte sie zwanzigmal zusammenkriegen, Alec. Aber ich will nicht. Ich kann nämlich ganz schön starrköpfig sein. Soll dieses blutsaugende Weib doch warten. Ich werde keinen roten Cent bezahlen, erst wenn ich es will, wann immer das auch sein wird.«

»Sehr cool, Mann.«

»Und jetzt sind Sie dran. Was hat Sie in diese traurige kleine Zelle gebracht?«

»Handtaschenraub.«

»So sehen Sie aber nicht aus.«

»Die Handtasche war auch mehr ein Aktenkoffer.«

»Das hört sich schon besser an. Und was befand sich in dem Aktenkoffer? Militärische Pläne für den dritten Weltkrieg?«

»Inhaberpapiere im Wert von etwa einer Million Dollar.«

»Nicht schlecht. Was haben Sie getan? Sie einem Bankboten entrissen?«

»Nein, einem Börsenmakler. Wenn man einem Bankboten einen Aktenkoffer entreißen will, muß man sozusagen seinen Arm mitnehmen. Ein Bankbote neigt für gewöhnlich dazu, sich das Ding mit einer Kette am Handgelenk anzuschließen und den Schlüssel wegzuwerfen. Nein, es handelte sich um einen Typ von der Wall Street, ein älterer Mann mit grauem Haar, dickem Bauch und dicker Brille. Wie geschaffen für die Sache. Er wollte nur von einem Gebäude ins nächste. Den Aktenkoffer hatte er ganz lässig in der Hand. Ich riß ihm das Ding aus der Hand und war schon fast über die Straße, ehe er überhaupt merkte, was los war, und dann fing er an zu schreien, ›Haltet den Dieb‹ oder so ähnlich. Ich rannte zu einem Auto, das um die Ecke geparkt war, mit laufendem Motor natürlich, und ich hatte es schon fast erreicht, als ich auf der Bananenschale ausrutschte.«

»Unglaublich.«

»Ich kann Ihnen ja die blauen Flecken zeigen. Auf jeden Fall sollte ich die Straßenreinigung verklagen. Also, ich rutschte aus und flog auf die Nase, und zwar wie. Und mit dem Kopf krachte ich gegen den Hydranten. Ich war völlig benommen, vielleicht eine

Minute lang. Auf jeden Fall, lange genug. Als ich wieder klar sehen konnte, half mir ein junger Bulle mit der Figur eines King Kong auf die Beine. Den Koffer hatte ich nicht in der Hand. Ich muß ihn losgelassen haben, als ich stürzte. Der alte Knacker hatte ihn wieder, er hielt ihn mit beiden Händen fest und faselte was von schwerem Diebstahl. Mein Anwalt meint, daß das die Lücke ist, durch die ich freikommen kann.«

»Was soll die Lücke sein?«

»Die Tatsache, daß niemand mich wirklich mit dem Koffer in der Hand gesehen hat. Das heißt niemand, bis auf den alten Knacker. Und der sieht eben nicht mehr sonderlich gut. Übrigens hoffe ich, Fitz, daß Sie das alles schnellstens wieder vergessen. In Ihrem eigenen Interesse. Kapiert?«

»Nichts sehen, nichts hören, nichts sagen?«

»Das ist immer am sichersten.«

»Zigarette, Alec?«

»Gerne. Die Bullen haben mir eine Quittung für meine gegeben, und für das Feuerzeug. Die trauen eben keinem.«

»Raus mit Ihnen, meine Herren. Das Essen ist angerichtet.«

»Was gibt es denn heute Schönes, McGee?«

»Nun, Fitz, soviel ich gehört habe, soll es mit Champagner und Kaviar losgehen. Na, wie klingt das?«

»Was für Kaviar?«

»Das hat der Küchenchef mir leider vergessen mitzuteilen.«

»Sie waren mehr als eine Stunde weg, Alec.«

»Mein Anwalt ist sehr redselig, Fitz. Aber er hat mir ein paar Zigaretten zustecken können.«

»Hat er Ihnen auch ein paar gute Nachrichten zustecken können?«

»Gewissermaßen.«

»Werden Sie auf Kaution freigelassen?«

»Vielleicht in ein paar Tagen. Wir warten noch, bis der bissigste Typ in der Staatsanwaltschaft seinen Urlaub antritt. Das soll in zwei oder drei Tagen sein.«

»Wissen Sie, Alec, ich habe immer gedacht, daß ein Mann mit Ihren Beziehungen nie länger als zwölf Stunden im Knast schmoren würde. Kaum drinnen, und schon wieder draußen. Schnell wie ein Wiesel.«

»Was meinen Sie ›mit meinen Beziehungen‹?«

»Nun, ich habe gehört, daß Sie ganz gute Beziehungen haben, mit großem Einfluß in gewissen Kreisen.«

»Sie drücken sich besser deutlicher aus, Fitzy.«

»Bitte, Alec. Nicht Fitzy.«

»Also raus damit, Fitz.«

»Man erzählt sich so einiges, seit Sie unter uns weilen.«

»Ja?«

»Es heißt, Sie seien ein Arm eines organisierten Syndikats – ein starker Arm übrigens.«

»Sonst noch was?«

»Ein Profi, heißt es. Ein wirklicher Könner, mit dem besten Ruf östlich von Saint Louis. Natürlich werden in Orten wie diesem hier derartige Dinge immer schrecklich übertrieben. Das Gerede verdreht eben alle Fakten. Ich nehme das alles *cum grano salis,* Alec.«

»Nehmen Sie es wie Sie wollen, Mann.«

»Aufstehen, meine Herren. Es gibt Forelle zum Frühstück.«

»Hören Sie, McGee, wann werde ich mir endlich ein Radio ausleihen können?«

»Sie stehen als nächster auf der Liste, Fitz.«

»Alec?«

»Ja?«

»Ich würde Sie gerne ganz im Vertrauen etwas fragen.«

»Fragen Sie, Mann.«

»Sie versprechen, daß Sie nicht beleidigt sein werden?«

»Ich bin nie beleidigt. Ich bin immer ganz cool, Fitz. Ist Ihnen das noch nicht aufgefallen?«

»Cool ist wirklich das richtige Wort, Alec. Bitte, bleiben Sie auch cool, wenn ich Ihnen jetzt eine einfache Frage stelle. Ganz im Vertrauen. Sind Sie wirklich das, was die Gerüchte sagen?«

»Und falls ja?«

»In diesem Fall könnten wir vielleicht miteinander ins Geschäft kommen.«

»Was für ein Geschäft?«

»Mord.«

»An wem und womit, Fitz? An diesem gastlichen Ort sind meine Mittel und meine Bewegungsfreiheit bedauerlicherweise beträchtlich eingeschränkt. Ist Ihnen das noch nicht aufgefallen?«

»Ich meine doch, wenn Sie rauskommen.«

»Ich höre.«

»Es betrifft meine –«

»Da ist McGee schon wieder.«

»Guten Tag, meine Herren. Hätten Sie vielleicht Lust auf einen kleinen Spaziergang im Garten? Die Sonne scheint so herrlich.«

»Ich nehme Ihren Vorschlag dankend an.«

»Das dachte ich mir schon, Fitz. Es wird Ihnen bestimmt gefallen. Und außerdem habe ich noch eine gute Nachricht für Sie. Wegen des Radios. Sie können es morgen haben. Einer Ihrer Nachbarn wird ins große Haus verlegt.«

»He, Alec, schlafen Sie?«

»Nein.«

»Wegen der Sache, die wir heute mittag angesprochen haben.«

»Was ist damit?«

»Hätten Sie Lust, weiter darüber zu reden?«

»Wenn Sie unbedingt wollen.«

»Also, es geht um meine Exfrau. Sie ist wirklich eine Blutsaugerin. Im Augenblick versucht sie, mich um tausend Dollar die Woche zu melken, während sie sich mit einem anderen Mann vergnügt, praktisch bei ihm wohnt.«

»So ist das Leben, Fitz. Ganz schön hart für Sie.«

»Ich will etwas dagegen unternehmen.«

»Das kann ich Ihnen nicht verübeln.«

»Ich will sie aus dem Weg geräumt haben, oder wie immer man auch sagt.«

»So kann man es sagen. Und weshalb?«

»Weshalb? Weil sie mich in lebendigem Zustand tausend Dollar die Woche kostet. Das sind zweiundfünfzigtausend Dollar im Jahr. Das kann jahrelang so weitergehen, Alec. Ist das nicht Grund genug, Alec?«

»Ich denke schon. Viel Glück auf jeden Fall.«

»Offensichtlich kann ich es nicht selbst erledigen. Ich wäre die

Nummer eins auf der Liste der Verdächtigen. Die Bullen würden mich in kürzester Zeit in die Mangel nehmen.«

»Das denke ich auch, Fitz.«

»Wenn Eva jedoch aus dem Weg geräumt würde, während ich noch im Staatsgewahrsam bin, wäre ich fein raus. Gut gedacht, oder etwa nicht, Alec?«

»Das ist es.«

»Also, was ist damit?«

»Soll das ein Auftrag sein?«

»Genau.«

»Das kostet eine Stange Geld, Mann. Haben Sie eine Ahnung, wieviel?«

»Nicht wirklich.«

»Vielleicht sogar mehr als ein Typ mit einem so hochtrabenden Namen wie Sie ihn haben auf Seite bringen kann. Raten Sie doch mal.«

»Ich traue mich nicht.«

»Wie würden dreißig Riesen klingen?«

»Dreißig Riesen. Klingt ganz vernünftig.« »Also abgemacht?«

»Immer mit der Ruhe, oder haben Sie die dreißig Riesen hier in der Matratze versteckt?«

»Ich meine es wirklich ernst, Alec.«

»Ich auch, Mann. Aber erst dann, wenn ich das Geld sehe.«

»Sie wissen doch genau, daß ich es nicht hier habe.«

»Das weiß ich.«

»Das ganze Geld befindet sich in Bankschließfächern, wo Eva und ihr Anwalt nicht herankönnen. Bevor ich die Unterhaltszahlungen eingestellt habe, habe ich ganz allmählich meine festen Liegenschaften flüssig gemacht und das Geld an einer Stelle versteckt, wo nur ich es ausgraben kann. Und ich werde es ausgraben, sobald Eva mir nicht mehr auf den Fersen ist. Ja, Alec, ich bringe Sie dann zu meinem nächsten Versteck und zahle ihnen das Geld bar auf die Hand, die ganzen dreißig Riesen. Darauf gebe ich Ihnen mein Wort als Ehrenmann und als Zellengenosse.«

»Verrückt.«

»Was ist denn daran so verrückt?«

»In meinem Beruf läßt man sich nicht auf Versprechungen ein, Fitz. Da heißt es zahlbar vor Lieferung. Und da geht kein Weg dran vorbei.«

»Aber in diesem Fall muß ein Weg dran vorbeigehen. Sie müssen Ihre Prinzipien eben ein bißchen ändern.«

»Und wieso, bitte?«

»Nun, nehmen wir doch einmal die Tatsachen. Ich kann an das Geld erst rankommen, wenn ich hier raus bin. Aber ich komme hier nicht raus, bevor ich nicht die rückständigen Unterhaltszahlungen geleistet habe. Das sind für drei Monate mehr als zwölftausend Dollar. Aber wenn ich zahle und entlassen werde, macht meine Freiheit mich zum Verdächtigen Nummer eins, falls meine Frau ermordet wird. Also ist es eine Vorbedingung für den Plan, daß ich beweisbar im Gefängnis bin, wenn Eva umgeblasen wird. Also?«

»Also was?«

»Nehmen Sie den Auftrag an, Alec?«

»Kommt nicht in Frage, Mann.«

»Würden Sie es sich überlegen, wenn ich es Ihnen ein bißchen versüße?«

»Nein.«

»Und was, wenn ich zu den dreißigtausend noch die zwölftausend lege, die ich an rückständigen Unterhaltszahlungen spare? Das sind zweiundvierzigtausend, Alec. Mit zweiundvierzigtausend Dollar kann ein Mann ganz schön weit kommen.«

»Es hat keinen Zweck, Fitz.«

»Heißt das, daß Sie mir nicht trauen?«

»Ich traue nur Gott allein. Alle anderen zahlen bar. Das ist ein unumstößlicher Grundsatz.«

»Ist das Ihr letztes Wort?«

»Sie haben es erfaßt.«

»Guten Morgen, Fitz.«

»Guten Morgen, McGee. Ist das unter Ihrem Arm ein Radio?«

»Das können Sie laut sagen.«

»Heureka!«

»Nein, es ist eine japanische Marke.«

»Ich danke Ihnen, McGee. Ziehen Sie die Miete von meinem Konto ab, ja?«

»Darauf können Sie sich verlassen.«

»Sie lächeln ja gar nicht, Alec. Heißt das, daß Ihr Anwalt Ihnen schlechte Nachrichten gebracht hat?«

»Ich werde auf Kaution freigelassen. In einer Stunde.«

»Und warum dann das lange Gesicht?«

»Weil die Personen, die die Kaution für mich zahlen, mir ausrichten lassen, meine Anwesenheit sei nicht mehr erwünscht.«

»Ist das in Ihrem Beruf so schlimm, Alec?«

»Es ist auf jeden Fall nicht gut, Mann. Es bedeutet, daß jemand mir vor einem Schwurgericht nicht trauen würde.«

»Die wollen also, daß Sie sich rar machen?«

»So ungefähr. Was bedeutet, daß ich Geld zum Verschwinden brauche, Fitz. Und zwar eine ganze Menge.«

»Und Ihr Chef oder wer auch immer kann Ihnen damit nicht helfen?«

»Es heißt, daß sie die Kaution abschreiben, und daß ich mehr nicht verlangen und erwarten kann. Heute ist Ihr Glückstag, Fitz.«

»Wieso?«

»Der Auftrag, den Sie zu vergeben haben.«

»O ja!«

»Ich muß erst in zehn Tagen vor dem Schwurgericht erscheinen. Zeit genug, einen Auftrag auszuführen. Für fünfzig Riesen.«

»Fünfzig?«

»Wenn Ihnen das zu viel ist, vergessen Sie es.«

»Es geht nicht um den Preis, Alec. Die Arbeit ist mir jeden einzelnen Dollar wert. Aber was ist mir Ihrem Prinzip? Was ist mit zahlbar vor Lieferung?«

»Dieses eine Mal werde ich eben meinem Prinzip untreu werden müssen.«

»Sie trauen mir also doch.«

»Das tue ich nicht. Aber ich brauche das Geld dringend. Wenn ich den Job gemacht habe, wie lange wird es dann dauern, bis Ihr Anwalt Sie draußen hat?«

»Etwa fünf Tage, würde ich sagen.«

»Fünf Tage, wieso denn so lange?«

»Nun, das Gericht verlangt eben gewisse Formalitäten, die erfüllt werden müssen. Mein Anwalt müßte dem Gericht erst beweisen, daß meine Frau tot und die Anklage gegen mich damit hinfällig geworden ist. Er müßte ein Entlassungsgesuch einreichen, und was weiß ich noch. Gute fünf Tage, würde ich schätzen.«

»Nicht mehr als fünf?«

»Das müßte eigentlich reichen.«

»Okay. Heute ist Dienstag. Ich werde den Auftrag morgen erledigen, also Mittwoch. Sobald Sie die Nachricht haben, treiben Sie Ihren Anwalt an. Damit hat er noch Donnerstag und Freitag, um seine Papiere zusammenzubekommen. Das Wochenende können wir abschreiben. Womit wir bei Montag sind. Glauben Sie, daß Sie bis dahin draußen sein können?«

»Das garantiere ich.«

»Und Sie können mir glauben, daß ich alles, was im Gericht vor sich geht, mit Argusaugen beobachten werde. Sobald Sie einen Fuß auf die Straße setzen, werde ich bei Ihnen sein, und dann machen wir uns auf dem schnellsten Wege zu Ihrem nächsten Bankschließfach.«

»Das paßt mir ausgezeichnet.«

»Und denken Sie daran, ich muß vor der Schwurgerichtsverhandlung das Land verlassen haben. Und jetzt erzählen Sie mir alles, was ich von Ihrer Exfrau wissen muß.«

»Nach dem Gongschlag hören Sie die Nachrichten. Es ist elf Uhr –«

»Vor einer knappen Stunde wurde die schöne Eva Merritt, eine Dame der besten Gesellschaft unserer Stadt, Opfer eines gemeinen Mordes. Mrs. Merritt hatte gerade ihr Auto verlassen und war auf dem Weg zu einem nahe gelegenen Schönheitssalon, in dem sie jeden Mittwochmorgen einen Termin hatte, als sie von einer noch unbekannten Person, die wahrscheinlich einen Schalldämpfer benutzte, erschossen wurde. Der Schuß wurde aus nächster Nähe abgegeben. Niemand hörte den Schuß, und bis jetzt konnte die Polizei noch keinerlei Augenzeugen der Tat ausfindig machen. Erst vor zwei Wochen entging Mrs. Merritt nur mit knapper Mühe dem Tod, als sie mit ihrem Mann, Dr. Peter Watkins Merritt, einen Spaziergang machte. Bei diesem Vorfall verfehlte die Kugel sie nur um Haaresbreite und zerfetzte nur den Ärmel ihres Pelzmantels. Sowohl der Doktor als auch seine Frau sahen den Täter, der durch eine Gasse flüchtete, und beide deuteten an, es könne sich um den geschiedenen Mann von Mrs. Merritt, Cornelius Fitzhugh, gehandelt haben. Die Polizei verhaftete Fitzhugh zwei Stunden später auf der Laurelton Farm in Long Island, wo er als Pferdetrainer arbeitete. Er leugnete beharrlich ab, den Anschlag auf das Leben seiner Frau unternommen zu haben, die vor drei Jahren gegen seinen Willen die Scheidung einreichte und ihm sogar Unterhaltszahlungen in uns nicht bekannter Höhe leistete –«

»Einen wunderschönen guten Morgen, Fitz.«

»Ihnen auch, McGee.«

»Diesen Donnerstag werden Sie bestimmt nicht so schnell vergessen, Fitz.«

»Und wieso nicht?«

»Weil der Staatsanwalt beschlossen hat, die Anklage gegen Sie fallenzulassen, Fitz. Sie sind so frei wie ein Vogel. Treten Sie bitte aus Ihrem Käfig.«

»Ich will aber nicht aus meinem Käfig raus.«

»Sie haben keine andere Wahl. Die Anklage wurde fallengelassen. Wir brauchen die Zelle, und die der Buchmacher am Ende des Ganges braucht das Radio. Also raus mit Ihnen, Fitz. Ich bringe Sie jetzt ins Büro, wo Sie Ihre Wertsachen abholen können.«

»Ich kann jetzt nicht gehen, McGee. Ich kann nicht.«

»Sie müssen aber, und wenn ich Sie rauszerre. Kommen Sie jetzt endlich. Raus mit Ihnen.«

»Nein, nein, nein! Sie verstehen nicht, McGee. Ich muß noch acht Tage hierbleiben!«

»Da habe ich aber etwas anderes gehört.«

»Fitzy.«

»Hallo, Alec.«

»Sie sehen ein bißchen blaß aus, Fitzy.«

»Das kann stimmen.«

»Aber ich denke, daß wir das ändern können. Wir fahren jetzt ein bißchen aufs Land und schnappen ein bißchen frische Luft. Sehen Sie das grüne Auto da drüben an der Parkuhr?«

»Ja.«

»Da gehen Sie jetzt schön hin, Fitzy.«

Originaltitel: COLLOQUIES IN QUAD. 1/75

Miriam Sharman

Der Anbau

Mit der für ihn üblichen Vorsicht lenkte Richard Fletcher das Auto in die große Doppelgarage am Ende des Gartens. Dann ging er über den Plattenweg zum Haus, wobei er wie jedesmal die Farbenpracht der Rosen bewunderte, die selbst jetzt noch, mitten im September, in voller Blüte standen. Die Vordertür des Hauses war geschlossen, was an einem warmen, sonnigen Abend wie diesem hier etwas ganz und gar Ungewöhnliches war. Die Tür führte direkt ins Wohnzimmer, und sobald er es betreten hatte, wußte er, daß etwas nicht in Ordnung war. In dem Augenblick, bevor das lastende Schweigen gebrochen wurde, fragte er sich, ob der Grund dafür ein neuerlicher Herzanfall war. Falls ja, dann wäre es der zweite seiner Mutter, und dann hätten sie sie bestimmt nicht in ihrem altmodischen Armsessel sitzen lassen, wenn sie auch erschöpft und angespannt wirkte und ihr Gesicht einen Ausdruck zeigte, der ihn alarmierte und beunruhigte.

»Sie ist im Anbau«, sagte seine Mutter mit tonloser Stimme. »Sie ist tot. Ich habe sie umgebracht.«

»Marian?« Die Panik drückte ihm die Kehle zu, und nur ein heiseres Flüstern war zu hören.

Beatrice Fletcher schloß die Finger noch fester um den Griff ihres Stockes, klopfte damit ungeduldig auf den Boden und sagte: »Natürlich nicht. Deine Frau ist heute zum Einkaufen nach Norwich gefahren. Und die Kathedrale wollte sie sich ansehen.« Der Ton, in dem all dies gesagt wurde, machte keinen Hehl aus der Abneigung, die die alte Frau für ihre Schwiegertochter empfand.

»Und wer –?« Richard war so erleichert, daß er einen Augenblick lang völlig vergaß, wie bedeutungsschwer die Worte seiner Mutter trotzdem waren. »Und wer ist im Anbau?«

»Deine Geliebte, diese kleine Schlampe.«

Richard sah seine Schwester fragend an. Hatte der Geisteszustand seiner Mutter vielleicht nachgelassen? Aber Ediths blaue Augen, die für ihre dreiundvierzig Jahre immer noch überraschend strahlend waren, sahen ihn nur ausdruckslos an. Ihr Gesicht war blaß, aber das war es immer. Mit einer Bewegung, in der abgrundtiefe Verachtung lag, wandte sie sich von ihm ab.

»Mutter, ich habe keine Geliebte. Von wem redest du?«

Seine Augen durchforschten das müde, störrische Gesicht.

Edith ging zum Sessel ihrer Mutter und stellte sich wie schützend dahinter auf. »Mutter meinte genau das, was sie sagt. Das Mädchen heißt Angela Brown. Sie ist von dir schwanger und sagte, du müßtest sie heiraten.«

Noch einmal sah Richard die beiden ernsten, angespannten Gesichter fragend an, dann drehte er sich um, verließ das Haus und ging über den Plattenweg zu dem Anbau aus Holz. Zögernd öffnete er die quietschende Tür. Die Chintzvorhänge waren zugezogen, und das Zimmer war drückend schwül nach diesem heißen Tag. Entschlossen ging er hinüber zum Bett und starrte auf die völlig bekleidete Gestalt des jungen Mädchens hinab. Ihr bleiches, von kurzen, dunklen Haaren umrahmtes Gesicht machte einen friedlichen Eindruck. Die Augen waren wie im Schlaf geschlossen.

»Mutter hat es mit einem Kopfkissen getan«, sagte Edith, die in der offenen Tür hinter ihm auftauchte und ihn mit wachsamen Augen beobachtete.

»Mutter ist sechsundsechzig, und das Mädchen hier kaum zwanzig«, sagte er ruhig. »Und da soll ich glauben, daß sie sich von einer zerbrechlichen, alten Frau hat ersticken lassen, ohne sich zu wehren?«

Edith schüttelte den Kopf. »Mutter hat ihr Tee angeboten, aber sie fragte, ob sie einen Drink haben könne, sie fühle sich ein bißchen schwach auf den Beinen. Sie war den ganzen Morgen unterwegs gewesen, und mit dem Baby – auf jeden Fall gab Mutter ihr einen großen Gin Orange, mit einer Menge Schlaftabletten darin. Sie hat sich nicht gewehrt.«

»Wenn du direkt einen Arzt geholt hättest –« fing Richard an.

»Ich habe mich nicht getraut. Der Doktor hätte doch sofort die Polizei benachrichtigt, wenn er sie nicht hätte retten können.« Fast atemlos fuhr sie fort: »Es ist gegen drei Uhr heute nachmittag passiert. Ich war gerade zum Einkaufen.«

Er sah das Mädchen mit eigenen Augen, aber trotzdem konnte er die merkwürdige Geschichte nicht glauben. Es waren zu viele offene Fragen darin enthalten. »Was hatte Mutter um drei Uhr nachmittags unten zu suchen?« fragte er scharf. »Normalerweise ruht sie dann noch immer.«

»Ich habe sie wie immer in ihren Sessel ans Fenster ihres Zimmers gesetzt«, erwiderte Edith ruhig. »Du weißt ja, daß sie von dort aus den Garten sehen kann, und alle die Leute, die zum Strand gehen. Deshalb gefällt es ihr ja auch so gut hier. Sie kennt so viele Leute, und winkt ihnen zu, und sie winken zurück –«

»Ja, ja, das alles weiß ich doch genausogut wie du.«

Edith ignorierte die Unterbrechung. »Das Mädchen kam durch das Gartentor und klingelte an der Haustür. Mutter rief sie von ihrem Fenster aus an. Das Mädchen sagte, es wolle zu dir. Sie schien so verzweifelt und doch so entschlossen, daß Mutter es für richtig hielt, mit ihr zu reden. Sie bat sie nach oben zu kommen und ihr die Treppe hinunterzuhelfen. Als ich um vier Uhr vom Einkaufen zurückkam, war alles vorbei.« Edith senkte den Blick und atmete tief ein. »Ich muß sagen, Richard, daß die Sache mir ganz schön an die Nerven gegangen ist. Mutter saß im Wohnzimmer in ihrem Sessel. Sie sah zwar ein bißchen angestrengt aus, aber das war auch schon alles. Sie war ganz ruhig, als sie mir erzählte, was sie getan hatte.«

»Und Marian?« fragte Richard besorgt.

»Oh, sie hat sich nach dem Frühstück ganz plötzlich dazu entschlossen, nach Norwich zu fahren. Das ist ja nichts Ungewöhnliches«, sagte sie trocken.

Nein, dachte Richard. Das war es wirklich nicht. Marian flüchtete so oft sie nur konnte vor ihrer Schwägerin. »Sie weiß also nichts von diesem – diesem Zirkus?«

Edith schüttelte den Kopf. »Ich finde das absolut nicht zum Spaßen«, sagte sie bitter.

»Ich auch nicht. Aber es ist einfach ein Haufen Blödsinn. Die Polizei wird dieses Durcheinander schon aufklären.«

Ediths blaue Augen weiteten sich. »Die Polizei? Und was wird aus Mutter?«

»Sie wird sich von ihrer lächerlichen Geschichte trennen müssen, daß sie das Mädchen umgebracht hat. Vielleicht kommt dann die Wahrheit heraus.«

»Sie wird ganz bestimmt nichts anderes sagen. Warum sollte sie auch? Es kann gar nicht anders passiert sein. Das kann ich nur bestätigen.«

»Was auch immer passiert ist, es ist ein verdammtes Wunder, daß sie die Aufregung überhaupt überlebt hat, mit ihrem Herzen.«

»Reine Zähigkeit«, murmelte Edith. »Sie wird durchhalten, bis diese Sache erledigt ist, und dann wird sie nur allzugern lockerlassen. Sie hat mir mehr als einmal gesagt, daß sie bereit ist, zu gehen.«

Richard bezweifelte das. Der Arzt hatte ihm gesagt, daß seine Mutter bei einiger Sorgfalt noch Jahre leben könnte. Was Edith gesagt hatte, entsprang wahrscheinlich ihrem Wunschdenken. Alle wußten, daß sie dieses Strandhaus erben würde.

Edith und ihr Mann Gregory, und die beiden Jungen, Jeremy und Frank, verbrachten immmer einen Teil der Schulferien in diesem Haus. Richard, Marian und ihre drei Kinder, zwei Mädchen und ein Junge, kamen dann ebenfalls. Deshalb auch der Anbau hinter dem Haus, in dem zwei der drei Jungen schliefen. Das Strandhaus, das etwas von der belebten Durchgangsstraße abgelegen war, hatte einen großen Garten mit viel Rasenfläche für die Kinder, und der Strand war nur fünf Minuten entfernt. Wenn Edith das Haus erbte, würden diese Familienzusammenkünfte für immer vorbei sein. Zwischen Richard und Edith gab es keine große geschwisterliche Liebe. Edith war zwei Jahre älter als er, und sie haßte es, daß der jüngere Bruder mehr oder weniger als Familienoberhaupt in allen familiären Fragen galt. Richard hatte mit Gregory kaum etwas gemeinsam, der immer in Ediths Schatten stand, wenn er nicht gerade verreist war, wie im Augenblick. Gregory befand sich wieder einmal auf einer seiner Vorlesungsreisen. Marian und Edith gingen sich ständig gegenseitig auf die Nerven. Nur Beatrice Fletcher hatte die Familie zusammengehalten, aber auch sie hatte den Anforderungen der Kinder nachgeben müssen, wenigstens einen Teil der langen Sommerferien mit ihren eigenen Freunden verbringen zu dürfen.

»Meinst du wirklich, wir müssen die Polizei holen?« fragte Edith jetzt.

»Um Himmels willen«, rief Richard. »Was sollen wir denn sonst mit der Leiche machen?«

»Nun, wir müssen doch nur dieses Wochenende überstehen, dann fahren wir sowieso alle in die Stadt zurück. Wir haben den Anbau nicht benutzt, seit die Kinder vor fünf Tagen abgereist sind.

Wenn das Mädchen später gefunden würde, würde es so aussehen, als hätte jemand anderes den Anbau benutzt, und es hätte nichts mehr mit uns zu tun. Jeder könnte in den Anbau einbrechen, oder sich sogar einen passenden Schlüssel besorgen. Wir würden gar nichts erklären müssen, wir brauchten nur zu sagen, daß wir nichts darüber wissen.«

Er sah sie abschätzend an. »Und du glaubst wirklich, daß das funktionieren würde?«

Sie seufzte. »Man könnte es zumindest versuchen. Schließlich würden wir Mutter damit retten. Wir müssen auch an sie denken.«

»Glaubst du, sie würde sich darauf einlassen? Hast du schon mit ihr darüber geredet?«

»Nein, noch nicht, aber sie wäre bestimmt damit einverstanden, wenn du es vorschlagen würdest. Du bist ja schließlich ihr Liebling«, fügte sie gehässig hinzu.

Im gleichen Augenblick hörten sie, wie Marian in die Garage fuhr, und sie drehten sich um und warteten, bis sie durch den Garten zum Haus kam. Hochgewachsen und dunkel, und wie üblich in leuchtenden Farben gekleidet, die so gut zu ihrem schwarzen Haar und der klaren Haut standen, kam sie auf sie zu, sah sie, winkte und lächelte, aber als sie noch näher kam, verlor ihr Schritt auf einmal jede Elastizität.

Gott sei Dank, daß sie nicht der Typ Frau ist, der sich immer hilflos anklammern muß, dachte Richard. Es war zwar nicht gerade ein Vergnügen, ihr sagen zu müssen, was passiert war, aber zumindest brauchte er nichts zu vertuschen und nicht so zu tun, als sei es nicht die Katastrophe, die es nun einmal war.

»Was ist denn los? Was ist passiert?« fragte Marian schnell.

Edith drehte sich um. »Ich lasse euch beide jetzt allein«, sagte sie. »Ich werde mal sehen, ob ich Mutter zu Bett bringen kann.«

Richard blieb in der Tür zum Anbau stehen und erzählte seiner Frau, was passiert war.

»Die Tigerin, die ihre Jungen schützt«, murmelte Marian.

»Glaubst du Mutters Geschichte etwa?«

»Es würde durchaus zu ihr passen, so etwas zu tun«, sagte sie resigniert.

Er sah sie mit einem merkwürdigen Blick an. »Und zu mir würde es wohl passen, ein junges Mädchen zu schwängern?«

»Das habe ich nicht gesagt«, erwiderte Marian, ein kleines bißchen zu schnell.

Zwischen ihnen herrschte ein kurzes Schweigen. Der verlorene, unglückliche Ausdruck ihrer Augen ärgerte ihn.

»Da drinnen liegt ein totes Mädchen, aber ich gebe zu, daß ich mir im Augenblick mehr Sorgen mache um unsere Beziehung als über ihr tragisches Ende. Bevor wir überhaupt weitermachen, bevor ich mit Mutter und der Polizei rede und wir versuchen können, diese verwickelte und merkwürdige Angelegenheit aufzuklären, möchte ich diese Sache zwischen dir und mir geklärt haben. Also, Marian –« Sie machte einen Schritt auf ihn zu, streckte ihm versöhnlich die Hand hin, aber er wich zurück. »Nein, Marian, noch nicht. Probleme lassen sich nicht mit einer Gefühlsaufwallung aus der Welt schaffen. Habe ich dich mit dem jungen Mädchen da drin betrogen?«

Marian fuhr sich mit der Zunge über die Lippen. »Sei nicht so selbstgerecht, Richard«, sagte sie mit zittriger Stimme. »Natürlich möchte ich es nicht glauben.« Mit einiger Mühe gewann sie ihre Gelassenheit wieder und fuhr mit normaler Stimme fort: »Aber die Menschen tun nun einmal gelegentlich Dinge, die man nicht erwartet hätte. Das haben wir beide mehr als einmal gesagt, wenn wir über andere geredet haben.« Jetzt brachte sie sogar ein kleines Lächeln zustande. »Natürlich gilt das immer nur für andere Leute, aber wirklich, Richard, warum sollte es nicht auch einmal für dich gelten?«

»Oder dich?« fragte er leise.

Ihr Lächeln wurde breiter. »Da wirst du mich schon beim Wort nehmen müssen, Liebling. Ich habe keinen Liebhaber.«

Jetzt konnte auch er wieder lächeln. »Ich auch nicht. Und seit wir verheiratet sind, hatte ich mit keiner anderen Frau etwas.«

Die Spannung lockerte sich. Der gefährliche Augenblick war vorbei.

Marian bestand darauf, das Mädchen selbst zu sehen. »Bist du sicher, daß sie tatsächlich tot ist?« Sie beugte sich vor und spähte aufmerksam in das reglose Gesicht. »Ich habe noch nie eine Leiche gesehen«, murmelte sie.

Richard runzelte die Stirn. »Ich habe meinen Vater gesehen, oder zumindest sein Gesicht, aber nur für einen kurzen Augenblick. Du weißt ja, wie das ist.«

Marian streckte die Hand aus und hielt sie über die Stirn des Mädchens, dann berührte sie sie ganz leise. »Sie ist so – so still. Irgendwie hat man das Gefühl, den Puls fühlen zu wollen.«

Richard sah mit gemischten Gefühlen zu, wie sie nach dem Puls des Mädchens tastete. Dann schüttelte sie den Kopf. »Ich kann ihn nicht spüren.« Mit gepreßter Stimme fragte sie dann: »Richard, könntest du – könntest du mal auf ihren Herzschlag hören?«

Er winkte sie zur Seite, beugte sich über die reglose Gestalt und legte das Ohr auf die Brust des Mädchens. »Es ist hoffnungslos«, sagte er, als er sich wieder aufrichtete. »Sie liegt schon seit fast vier Stunden so da.«

»Deine Mutter müßte es eigentlich wissen, schließlich war sie einmal Krankenschwester.« Und dann fing Marian an zu kichern.

Überrascht und alarmiert sah er sie an.

»Hör damit auf, Marian«, sagte er scharf.

Sie holte tief Luft. »Ist schon gut, Richard.« Richard ließ sie los, und sie trat einen Schritt zurück. Sie runzelte die Stirn und sah ihn verwirrt an. »Ich habe das Mädchen schon mal irgendwo gesehen, Richard. Das Gesicht kommt mir bekannt vor, aber ich kann mich nicht erinnern, wo das gewesen sein könnte.«

Richard sah überrascht auf, aber dann tat er ihre Bemerkung achselzuckend ab. »Sicher täuschst du dich. So ein Gefühl hat man doch öfter. Übrigens kennen wir sogar ihren Namen. Sie ist keine geheimnisvolle Fremde.«

»Wenn ich mich nur erinnern könnte. Wie dumm von mir«, sagte Marian. »Aber so etwas passiert einem ständig, nicht wahr? Man sieht plötzlich ein Gesicht, das einem irgendwie bekannt vorkommt –«

»Wir sollten jetzt lieber ins Haus zurückgehen«, sagte Richard und nahm ihren Arm. Als sie das Haus betraten, hörten sie Ediths energische Schritte die Treppe herunterkommen. Ihr Gesicht wirkte blaß in den letzten Strahlen der Abendsonne, die durch das Fenster des Wohnzimmers fielen.

»Wie geht es Mutter?« wollte Richard wissen.

Sie schüttelte den Kopf. »Nicht so gut. Wir werden hier unten ein Bett aufschlagen müssen. Diese schmale, steile Treppe ist zuviel für sie.«

»Aber sie hat sich immer dagegen gewehrt, ein Schlafzimmer aus diesem Raum zu machen«, protestierte Marian.

Richard seufzte. Normalerweise war er ein entschlossener, schnell reagierender Mann, der sich nicht so leicht aus der Fassung bringen ließ, aber vor dieser unglaublichen Situation stand er hilflos da. Er war schließlich Rechtsanwalt, und er bemühte sich, in aller Objektivität die Fakten zu betrachten, die Beweismaterial sein könnten, aber seine gefühlsmäßige Beteiligung schob sich immer wieder störend in seine Überlegungen. Er mochte seine Schwester nicht. Er traute ihr nicht. Andererseits liebte er seine Mutter, und deshalb wollte er einfach nicht ihre Version über den Tod des Mädchens akzeptieren. Er mußte einfach die Polizei rufen, und je länger er diesen Schritt hinausschob, desto unangenehmer würde es für alle Beteiligten werden.

»Ich gehe rauf und rede mit Mutter«, sagte er abrupt.

Beatrice Fletcher lag im Bett, ein Kissen hinter dem Rücken. Ihr blasses, erschöpftes Gesicht strahlte Ruhe aus. Sie öffnete die Augen und lächelte ihn an. Ein schwaches, gezwungenes Lächeln, das ihr offensichtlich Mühe bereitete.

Er zog sich einen Stuhl ans Bett und nahm ihre kalte, trockene Hand in die seine. »Wie fühlst du dich?« fragte er sanft.

»Schwach«, sagte sie. »Ich will jetzt nicht sprechen, Richard.«

Er wußte, daß sie sehr krank war, aber er war sich auch sicher, daß ein Teil ihrer Hilflosigkeit nur Schau war. Sie hatte ihre Krankheit bisher immer sehr tapfer getragen, aber auch genau gewußt, wie sie sie richtig ausspielen konnte, um ihre Wünsche durchzusetzen. Richard war sich darüber durchaus klar, und irgendwie bewunderte er sie dafür. Sie preßte die schmalen Lippen zusammen und ließ das Kinn auf die Brust sinken.

»Das Mädchen war nicht meine Geliebte, aber auch wenn sie das tatsächlich behauptet haben sollte, kann ich immer noch nicht glauben, daß du sie umgebracht hast – einfach nur deshalb. Weshalb hast du es getan?« drängte er.

»Weder für dich noch für Marian, sondern für die Kinder. Jemand muß schließlich auch an sie denken.« Ihre Stimme klang schwach, aber trotzdem konnte er sie klar und deutlich verstehen.

»Aber eine Mordverhandlung, in der alles doch herauskommt, hältst du das für einen guten Schutz für die Kinder?«

Ein schwaches Lächeln machte die hageren Züge sanfter, und die alte Frau öffnete die Augen und ließ sie auf dem besorgten Gesicht ihres Sohnes ruhen. »Es wird keine Gerichtsverhandlung geben, und keinen Skandal oder was auch immer. Ruf jetzt die Polizei an, Richard. Ich möchte eine Aussage machen.« Sie seufzte. »Dann kann ich endlich meine Ruhe finden. Ich bin so müde, Richard. So müde.«

Er glaubte ihr immer noch nicht, aber die Polizei würde ihr wahrscheinlich glauben. Schließlich kannte die Polizei seine Mutter nicht so gut wie er. Sie würden ihr Motiv akzeptieren. Das würde bedeuten, daß ihre Tat auch auf seinen Charakter abfärben würde, bestimmt würde es Gerede und Gerüchte geben, und das war beileibe keine angenehme Aussicht. Plötzlich merkte er, daß sie ihn schon die ganze Zeit über aufmerksam angesehen hatte.

»Mach dir über deinen Ruf keine Sorgen, Richard. Du lebst schließlich nicht hier, sondern weit weg. Auch wenn es hier Gerede geben sollte, wird es doch nie bis in deine Stadt vordringen. Und wenn ich erst einmal nicht mehr bin, wirst du sowieso nicht mehr hierher zurückkommen.«

»Mutter, ich kann nicht zulassen, daß du das für Edith tust.«

Ihre Augen blitzten böse auf. »Edith! Edith ist so leicht verletzlich. Sie ist eine Mutter. Gregory ist ihr keine Hilfe.« Plötzlich unterbrach sie sich. »Woher weißt du?«

»Ich kann mir eben einfach nicht vorstellen, daß du jemand kaltblütig ermordest. Es muß Edith gewesen sein.«

Er konnte ihre Reaktion nicht verstehen – ein bitteres Lächeln, ein ungeduldiger Seufzer. »Du irrst dich, Richard. Ich bin dazu fähig, und ich habe es getan.«

Er beugte sich über sie und küßte sie leicht auf die Stirn. »Wie du willst, Mutter«, sagte er ruhig und wurde von einem erleichterten Blick belohnt.

Im Wohnzimmer warteten Edith und Marian auf ihn, jede mit ihren eigenen Gedanken beschäftigt.

»Ich kann sie einfach nicht von ihrer Geschichte abbringen«, sagte er. »Und ich bin sicher, daß die Polizei es auch nicht können wird.«

»Warum solltest du, oder sie, das überhaupt wollen?« fragte Edith scharf. »Warum sollte sie die Schuld für etwas auf sich nehmen, was sie nicht getan hat?«

Er sah sie kalt an. »Ich bin einfach nur neugierig, genau wie auch die Polizei es sein wird, zu erfahren, wie Mutter es geschafft hat, das Mädchen in den Anbau zu bringen.«

»Nachdem sie eine Weile im Wohnzimmer miteinander geredet hatten, bat Mutter sie, im Anbau zu warten, weil im Haus immer zu viele Leute ein und aus gingen«, erklärte Edith geduldig. »Dann brachte Mutter den Drink in den Anbau. Das Mädchen sagte, sie sei so müde, und Mutter riet ihr, sich doch auf dem Bett auszuruhen.« Edith hielt inne, und ein lastendes Schweigen senkte sich über das Zimmer.

Die Unterhaltung, die er gerade mit seiner Mutter geführt hatte, ließ Richard nicht los. Einen Augenblick lang hatte es ein kurzes Mißverständnis zwischen ihnen gegeben. Seine Mutter hatte geglaubt, er habe etwas anderes gemeint, als er Ediths Namen genannt hatte.

»Warum hast du keinen Arzt geholt?« fragte er jetzt und nahm den Angriff wieder auf.

»Ich habe dir doch gesagt, daß ich mich nicht getraut habe«, antwortete sie, aber sie sah ihn dabei nicht an. »Und abgesehen davon hat Mutter darauf bestanden, daß ich niemanden anrufe, und du weißt ja selbst, daß man sich gegen sie nicht durchsetzen kann. Nicht in dem Zustand, in dem sie ist.« Und dann sah sie ihn voll an, plötzlich wütend. »Ihr beide glaubt doch, daß ich das Mädchen umgebracht habe, nicht?«

»Hör zu, Edith«, sagte Richard so ruhig wie möglich. »Da ich der einzige bin, der mit absoluter Sicherheit weiß, daß das Mädchen nicht meine Geliebte war, finde ich Mutters Motiv eben absolut unverständlich.«

»Das hat das Mädchen aber zu ihr gesagt«, entgegnete Edith gereizt. »Ich kann ja verstehen, daß du es leugnest, aber trotzdem, Mutter hat es geglaubt. Richard, Mutter ist nicht dumm, und ihr Verstand ist völlig in Ordnung. Alle Umstände, die mit der Tat zusammenhängen, werden ganz sicherlich untersucht werden: der Zeitpunkt, an dem das Mädchen hier angekommen ist – bestimmt hat irgend jemand sie gesehen – und mein Alibi im Einkaufszentrum. Wenn die Polizei die Todeszeit genau festgestellt hat, wird man wissen, daß ich es nicht getan habe.« Ihr Ton war herausfordernd, aber auch sehr selbstsicher.

»Du glaubst mir also nicht, wenn ich sage, daß das Mädchen nicht meine Geliebte war?«

Edith senkte den Blick. »Du glaubst mir ja auch nicht, wenn ich sage, daß ich sie nicht umgebracht habe.« Ihre Lippen zitterten. »Und Mord ist immerhin noch ein bißchen schlimmer als ein – Seitensprung.« Mit schnellen Schritten ging sie zur Treppe. »Ich gehe jetzt rauf und leiste Mutter noch ein bißchen Gesellschaft.«

Richard breitete verzweifelt die Arme aus und sagte zu Marian: »Was für ein Durcheinander. Was für eine verdammte Komödie! Ich bringe es einfach nicht über mich, die Polizei anzurufen. Ich kann einfach nicht glauben, daß Mutter das junge Mädchen kaltblütig umgebracht haben soll.«

»Ich glaube es schon, Richard«, sagte Marian. »Weil ich nicht in einem solchen Gefühlswirrwarr stecke wie du.«

Seine Augen umwölkten sich. »Du weißt, daß ich aus Mutter keineswegs eine Idealfigur mache«, protestierte er. »Ich war immer bereit zuzugeben, daß sie Fehler hat.«

»Ja, ja«, sagte sie ungeduldig. »Kleine, menschliche Fehler und Schwächen wie jeder sie hat. Kleine Mogeleien, um ihren Willen zu bekommen, und solche Sachen. Aber ich halte sie für eine rücksichtslose, skrupellose, selbstgerechte Frau.«

Er dachte darüber nach. »Aber du kannst dir nicht sicher sein. Immerhin ist da noch Edith –«

»Du kannst Edith nicht ausstehen«, sagte Marian ruhig.

»Ich weiß, was du meinst, Marian, aber trotzdem –« Seine Lippen wurden ganz schmal, genau wie auch die seiner Mutter, wenn sie sich ärgerte. »Mutter ist einfach zu einem Mord nicht fähig.«

Marian wußte, daß es keinen Zweck hatte, weiter darüber zu streiten. Einlenkend sagte sie also: »Wenn die Polizei kommt, darfst du das Motiv deiner Mutter nicht in Frage stellen, sonst fällt uns alles über dem Kopf zusammen. Es werden sonst zahllose Untersuchungen angestellt werden, viel zu viele, und weiß der Himmel, was dabei alles herauskommen kann.«

Richard sah sie müde an. »Soll ich etwa sagen, daß das Mädchen meine Geliebte war, obwohl du selbst nicht glaubst, daß es so war?«

Marian nickte. »Wenn deine Mutter vor der Polizei ihre Aussage gemacht hat, kann es vielleicht sein, daß sie uns dann die Wahrheit sagt.«

»Ja, du hast recht, das wird sie vielleicht.« Damit streckte er die Hand nach dem Telefon aus.

»Einen Augenblick noch, Richard«, rief Marian mit bittender, drängender Stimme. »Du bist müde, und Edith hat einen schrecklichen Tag hinter sich. Laß uns bis morgen warten.«

»Aber je länger wir warten –« begann er.

»Wir können doch sagen, daß Mutter uns erst viel später gestanden hat, was sie getan hat.«

»Das stimmt natürlich.« Damit war er überzeugt. »Und es wäre mir wirklich lieber, einen klaren Kopf zu haben, wenn die Polizei kommt. Ich muß mir eine überzeugende Geschichte ausdenken, damit man mir die Liebesbeziehung zu diesem Mädchen auch glaubt. Ich bin sicher, daß auch Edith und Mutter damit einverstanden sein werden, den Anruf bei der Polizei auf morgen zu verschieben.«

Im Bett wälzte er sich noch mehr als zwei Stunden unruhig herum und konnte keinen Schlaf finden. Aber endlich wirkte die doppelte Dosis Schlaftabletten, und er fiel in einen erschöpften Schlaf.

Marian hatte sich mit Mühe wachgehalten und auf diesen Augenblick gewartet. Sie schlüpfte in ihren warmen Morgenmantel und schlich lautlos die Treppe hinunter. Sie konnte einfach nicht darüber hinwegkommen, daß das Gesicht des Mädchens ihr so bekannt vorgekommen war. Irgendwie hatte sie das Gefühl, wenn sie herausbekam, woher sie das Mädchen kannte, dann würde das ihnen allen aus der Klemme helfen. Das mochte zwar irrational sein, aber so empfand sie nun einmal, und sie wollte auch nicht weiter darüber nachdenken. Sie wußte einfach, daß sie sich das Mädchen noch einmal ansehen mußte, und zwar allein und in aller Ruhe. Sie gestand sich zwar ein, daß ihr ein bißchen unheimlich zumute war, aber mit dieser Angst mußte sie eben fertigwerden.

Sie hatte ihre Absicht vor Richard geheimhalten müssen. Er hätte zwar bestimmt nicht versucht, sie davon abzuhalten, aber darauf bestanden, sie zu begleiten. Und er hätte sie gestört und abgelenkt, obwohl sie doch all ihre Konzentration brauchte. Im Licht der Taschenlampe fand sie den Weg durch den dunklen Garten zum Anbau hinter dem Haus. Sie zögerte, als ihre Hand den Türgriff bewegte, und sie mußte einmal schwer schlucken, um ihre Abneigung und ihre Angst zu überwinden. Dann öffnete sie die Tür. Das leise Quietschen klang in ihren Ohren so laut wie ein Schuß, und ängstlich hielt sie den Atem an. Aber dann beruhigte sie sich mit dem Gedanken, daß es ganz unmöglich war, daß jemand im Haus das leise Quietschen gehört haben konnte.

Sie beschattete den starken Lichtstrahl mit der Hand und ging zum Bett. Wie angenagelt blieb sie stehen. Einen Augenblick lang überwältigte sie eine Panik.

Das Mädchen lag jetzt auf der Seite, die Beine leicht angewinkelt. Jemand hatte sie bewegt! dachte Marian entsetzt, aber warum bloß? Sie zwang sich dazu, mit der Taschenlampe in das Gesicht des Mädchens zu leuchten. Es war immer noch blaß, aber lange nicht mehr so blaß wie vorher. Das Mädchen lebte noch. Marians Knie fühlten sich an, als seien sie aus Gummi, ihr ganzer Körper zitterte vor Schock und Erleichterung, und sie ließ sich auf den Stuhl neben dem Bett fallen und ihren Tränen freien Lauf.

Das Mädchen bewegte sich und öffnete mit Mühe die Augen. Jetzt kam es Marian noch bekannter vor, mit den großen, schönen, dunklen Augen, die noch vom Schlafmittel vernebelt waren oder was auch immer sie dem Tod so nahe gebracht hatte. Sie blinzelte zwei oder dreimal und gewann dann den Kampf gegen die Schläfrigkeit. Es machte ihr offensichtlich viel Mühe, die Worte herauszubringen:

»Ich fühle mich entsetzlich.«

Marian betupfte sich die Augen, hoffte, daß sie nicht allzu verheult aussah und knipste die Nachttischlampe an. Das Mädchen schloß die Augen wieder, als könne es das grelle Licht nicht ertragen.

»Oh, es tut mir leid –« fing Marian an.

»Ist schon in Ordnung«, murmelte das Mädchen. »Ich werde mich dran gewöhnen. Mein Mund – ich habe das Gefühl, als hätte ich Sand gegessen.«

Die klare, angenehme Stimme überraschte Marian. Ohne sich richtig Gedanken darüber gemacht zu haben, hatte sie angenommen, daß das Mädchen etwas primitiv sei. Vielleicht hatten ihre Kleider diesen Eindruck hervorgerufen. Sie waren nach der Mode, die heutzutage von den jungen Leuten bevorzugt wurde, billig, ein bißchen schlampig und auffallend. Ihre Hände jedoch waren makellos, mit perfekt manikürten Nägeln. Sie stützte sich jetzt auf einen Ellbogen, öffnete die Augen ganz und starrte Marian an. »Wie spät ist es?« wollte sie wissen.

»Fast vier Uhr – morgens.«

Das Mädchen blinzelte. »Morgens?« wiederholte sie, wobei ihr die Stimme fast versagte.

Marian schenkte ihr ein Glas Wasser aus der Karaffe ein. Zuerst nahm sie nur einen kleinen Schluck, dann trank sie es gierig aus. Ihr Gesicht bekam etwas mehr Farbe, und der vernebelte Blick wurde ein wenig klarer. »Heißt das, daß ich hier geschlafen habe, seit – seit drei Uhr nachmittags?«

Sie runzelte die Stirn. »Irgend etwas war doch los, irgend etwas Merkwürdiges. Die alte Dame war zu schön, um wahr zu sein.« Und jetzt kamen Mißtrauen und Feindseligkeit zum Vorschein. »Und wer sind Sie? Und was haben Sie um diese Nachtzeit an meinem Bett verloren?« Sie sah Marian abschätzend an. »Ich bin aus Überzeugung heterosexuell«, sagte sie und klopfte sich auf den Bauch. »Ist Jeremy da?«

Jeremy! Jeremys Interesse an den Fernsehstudios in der Nähe seiner Schule war allen bekannt. Die ganze Familie machte ihre Späße darüber. Und jetzt setzten sich auch die kleinen Bruchstückchen zusammen, die Marian durch den Kopf gegangen waren. Sie hatte Angela Brown im Fernsehen gesehen, in kleineren Bühnenrollen.

»Jeremy ist mit ein paar Freunden nach Frankreich zum Zelten gefahren, bis die Schule in ein paar Wochen wieder anfängt«, antwortete Marian vorsichtig.

»Ich weiß, aber ich hatte gehofft, ihn noch abzufangen, bevor er wegfährt.« Das Mädchen setzte sich auf, und man merkte ihr an, daß ihre Kräfte mit jedem Augenblick mehr zurückkamen. Ein Kopfkissen, das am Fußende des Bettes lag, fiel ihr in die Augen, und sie starrte es mit einem verwirrten Stirnrunzeln an. »Ich kann mich nicht erinnern, daß das dagewesen ist –« Kopfschüttelnd hielt sie inne. »Aber irgend etwas war da. Ich weiß nur nicht, was. Ach, bestimmt erinnere ich mich wieder, wenn ich etwas im Magen habe.«

Der weiche, vernebelte Ausdruck in den Augen war jetzt ganz verschwunden, und sie sah Marian mit harten, wachsamen Blicken an.

»Fühlen Sie sich wieder so weit in Ordnung, daß Sie mit mir ins Haus kommen können?« fragte Marian steif.

»Aber sicher. Ich bin fast am Verhungern. Und wenn Jeremy nicht hier ist, muß mir eben jemand anderes zuhören.«

Sie war immer noch ein bißchen unsicher auf den Beinen und stützte sich dankend auf Marians Arm. Es war also Jeremy, dachte Marian, während sie sich mit Hilfe der Taschenlampe durch den Garten tasteten. Jeremy, nicht Richard. Natürlich hatte sie Richard geglaubt, aber es war doch ein Segen, den Glauben bestätigt zu finden.

Eilig machte sie ein paar Schinkenbrote zurecht und setzte eine große Kanne Kaffee auf, und während Angela aß und trank, ging sie hinauf und schüttelte Richard aus dem Schlaf. Es lag kein Grund dazu vor, auch Edith zu wecken. Sie erschien von ganz allein auf der Treppe und verlangte zu wissen, was los sei.

Marian brachte sie zu dem Mädchen ins Wohnzimmer. Edith starrte sie an, als habe sie einen Geist vor sich. Angela starrte zurück.

»Sie sind Jeremys Mutter«, sagte sie. »Er hat mir Fotos gezeigt. Er sieht Ihnen ein bißchen ähnlich, mit diesen unheimlich blauen Augen.« Sie zuckte die Schultern. »Ich bin Angela Brown.« Abschätzend sah sie Richard an. »Onkel Richard, nicht wahr?«

Er drehte sich um und sah Marian hilflos an. »Wo sollen wir bloß anfangen?« fragte er.

Ediths Stimme war hart. »Sie ist hierhergekommen, um Jeremy zu zwingen, sie zu heiraten, um sein Leben zu ruinieren –«

Angela lachte laut und unbefangen auf. »Sie machen wohl einen Witz! Jeremy ist derjenige, der versucht, mich zu zwingen und unter Druck zu setzen. Ich will nur das hier loswerden.« Wieder klopfte sie sich auf den Bauch. »Ich habe absolut keine Lust, ihn zu heiraten. Ich wollte nur mit ihm reden, bevor er nach Frankreich fährt.«

»Sie lügen. Sie müssen lügen! Oder warum sonst hätte Mutter –«

Ihre Stimme verklang hilflos. Einen Augenblick lang herrschte ein ungemütliches Schweigen. Angela sah sie der Reihe nach an, verzog langsam den ausdrucksvollen Mund. Niemand vervollständigte Ediths Frage.

»Das ganze wird jetzt langsam langweilig«, sagte Angela. »Ich habe der alten Dame erzählt, ich sei gekommen, um Jeremy zu bitten, mich zu heiraten, weil ich dachte, das sei der beste Weg, mit ihr umzugehen. Sie nahm es ganz ruhig und vernünftig auf, und ich dachte, es sei das beste, die arme Unschuldige zu spielen, die von ihrem geliebten Enkel verführt worden ist und jetzt im Schoß der Familie Hilfe sucht. Ich habe mich ganz spontan dazu entschlossen, weil Jeremy eben nicht da war.«

»Aber sie konnten sie nicht täuschen«, sagte Richard. »Sie hat sie ein kleines Flittchen genannt.«

»Pah, Worte, nichts als Worte«, sagte Angela herablassend und schnipste mit den Fingern.

Richard goß sich eine Tasse Kaffee ein und trank schnell, in der Hoffnung, daß damit die Wirkung der Schlaftabletten aufgehoben wurde und er wieder klar würde denken können. Immer wenn er Schlaftabletten nahm, fühlte er sich hinterher miserabel. Er wandte sich von dem Mädchen ab und sah Edith an. »Wir müssen es Mutter sagen.«

»Wenn sie aufwacht, natürlich«, sagte Edith. »Aber vorher nicht.« Mit angewidertem Gesichtsausdruck sah sie Angela an. »Erst müssen wir die da loswerden.« Direkt an Angela gewandt, sagte sie: »Ich gebe Ihnen vierhundert Dollar für die Abtreibung.«

»Sechshundert«, sagte Angela. »Danach werde ich nämlich noch einen kleinen Urlaub nötig haben.«

»Und woher weiß ich, daß Sie Jeremey danach in Ruhe lassen werden?«

Angela machte eine obszöne Handbewegung und sagte verächtlich: »Falls Sie glauben, daß ich hinter Ihrem Liebling her bin, täuschen Sie sich ganz gewaltig. Ich habe eine Karriere vor mir. Ich bin eine gute Schauspielerin, und ich werde noch besser werden. Das ist alles, was ich will. Ich bin von zu Hause weggegangen, weil meine Eltern mich nicht auf die Schauspielschule lassen wollten. Sie wollten mich aufs College schicken. Also bin ich abgehauen und habe die erstbeste, winzig kleine Rolle angenommen, die ich bekommen konnte. Ich werde mich in diesem harten Geschäft nach oben kämpfen, mit dem Talent, das ich habe, und ich werde es schaffen. Kapieren Sie das denn nicht? Eine Heirat mit Jeremy würde für mich das Ende bedeuten.« Sie betonte ihre Worte stark und deutete mit dem Zeigefinger auf Edith: »Sie sollten Ihren eigenen Sohn eigentlich besser kennen. Er ist ja sooo romantisch. Er will, daß ich ihn heirate, das Baby bekomme und mit ihm in einer kleinen Wohnung lebe, bis er das College hinter sich hat. Er ist einfach nur ein Langweiler, das können Sie mir glauben, und ich habe nicht die geringsten Absichten, mich zu binden.«

Edith war erschüttert vor Demütigung, Demütigung darüber, daß dieses verabscheuungswürdige Mädchen es wagte, ihren Sohn abzulehnen. »Sind Sie überhaupt sicher, daß das Baby von Jeremy ist?« fragte sie eisig.

Angela wirbelte herum und fauchte sie an. »Nein, ich bin nicht sicher. Aber wollen Sie es darauf ankommen lassen?«

Einen Augenblick lang sah es so aus, als wolle Edith sie schlagen. Ihr Gesicht war dunkelrot, und ihre blauen Augen blitzten vor Wut.

»Sie können von Glück reden, daß Sie noch am Leben sind, Sie billiges, kleines Flittchen«, schrie sie. »Meine Mutter hat Ihnen Schlaftabletten in den Drink getan, und als sie bewußtlos waren, hat sie Ihnen ein Kissen aufs Gesicht gedrückt, um Sie zu töten. Sie glaubt, daß sie Sie umgebracht hat. Wir alle haben geglaubt, daß sie Sie umgebracht hat!«

Langsam sah man, wie Angela sich wieder erinnerte. »Ich war fast bewußtlos, aber nicht ganz. Ich habe den Atem angehalten. Sie war so schwach, ich weiß noch genau, daß ich das gedacht habe.« Ihre großen, dunklen Augen weiteten sich vor Entsetzen. »Um ein Haar wäre ich tot gewesen –« Sie sah sich um, sah einen nach dem anderen voller Verachtung an. »Das finde ich ja toll, da sitzen Sie alle und spielen sich als Richter über mich auf, bloß weil Ihnen mein Sexleben nicht gefällt. Und dabei hat diese alte Schachtel – der werde ich aber etwas erzählen.« Sie rannte quer durchs Zimmer und die Treppe hinauf.

Im Wohnzimmer herrschte gelähmtes Schweigen. Richard akzeptierte diesen Augenblick der Wahrheit mit bitterer Abneigung. Er mußte Angela aufhalten, dachte er, aber als er den Treppenabsatz erreicht hatte, war Angela schon an der Tür seiner Mutter. Er blieb stehen und sah zu, wie sie die Tür aufstieß. Das erste Licht des Morgens fiel bereits durch die Vorhänge, und das Mädchen stand in der offenen Tür wie ein Racheengel.

»Geist –« Er hörte, wie die Stimme seiner Mutter bei diesem Wort brach.

Langsam, ohne Hast, ging er zum Bett. Diesmal, das wußte er mit Sicherheit, sah er mit Erleichterung wirklich in das Gesicht des Todes.

Originaltitel: THE ANNEX. 11/69

C. B. Gilford

Der Bombenspezialist

Ron Cormer hatte es sich in seinem Plüschsitz gemütlich gemacht und genoß den zweistündigen Flug in angenehmer Umgebung, die genau seinem Geschmack entsprach. Draußen war der Himmel makellos blau, und die Triebwerke brummten leise an den schlanken, silbernen Tragflächen. Er saß direkt am Gang, und die Stewardess, blond und schlank und mit einem winzigen Minirock bekleidet, war ein mehr als erfreulicher Anblick. Um sein Glück vollkommen zu machen, saß an seiner anderen Seite eine junge, attraktive Blondine, die so aussah, als hätte sie zumindest gegen eine kleine Unterhaltung und einen kleinen Flirt nichts einzuwenden. Und genau damit würde er nach einer dezenten Pause auch anfangen.

Aber sein ganzes Hochgefühl war dahin, als er den Zettel von Beth fand.

Er hatte seinen Aktenkoffer auf den Knien. So begann er jedesmal eine Reise, denn so konnte er wen auch immer gleich von Anfang davon überzeugen, daß er ein seriöser, verantwortungsbewußter Geschäftsmann auf wichtiger Geschäftsreise war. Der Aktenkoffer auf den Knien erfüllte aber gleichzeitig auch die Funktion, ihm selbst ein sicheres Gefühl zu geben, vor allem wenn das Geschäftliche mit Vergnügen verbunden war – verbotenem Vergnügen.

Als er jetzt, nur um den Eindruck des seriösen Geschäftsmannes zu unterstreichen, den Aktenkoffer öffnete, sprang ihm der Zettel von Beth, geschrieben in brauner Tinte auf ihrem hellgrünen Briefpapier, gleich in die Augen. Schon allein der Anblick von Beths mühsamer, krakeliger Handschrift ärgerte ihn, noch bevor er den Inhalt des Zettels gelesen hatte. Alles an ihr ärgerte ihn. Er hatte gedacht, er wäre sie endlich für ein paar Tage los, aber nein, sie ließ ihm keine Ruhe, sie mußte ihm Zettel schreiben.

Er laß den Zettel, ohne ihn zu berühren. »Ich weiß, wo du hinfährst, lieber Ron. Ich weiß alles über Candace Devereaux. Ich weiß über alles Bescheid. Betrachte dies als deinen letzten Gedanken an mich: ich bin nicht so dumm, wie du immer annimmst.

Glückliche Landung!«

Ganz plötzlich empfand er mehr als nur Ärger. Ein merkwürdiges Gefühl machte sich in ihm breit. Was immer es war, es war eine Art Kälte, die ihn erfüllte. Am Anfang, in den ersten Augenblikken nach dem Lesen, wußte er noch nicht, daß dieses Gefühl Angst war.

Wie, zum Teufel – ? Er knallte den Aktenkoffer zu, als könne er den Zettel zum Verschwinden bringen, wenn er ihn bloß nicht mehr sah. Wie, zum Teufel, hatte sie das mit Candace herausbekommen? Er war doch wie immer sehr diskret und vorsichtig gewesen. Sie hatte ihn zwar schon mehrmals ertappt, aber andererseits hatte er sie auch schon mehrmals an der Nase herumgeführt. Wann und wo hatte er dieses Mal einen Fehler gemacht?

War das überhaupt wichtig? Ja, das war es, denn er mußte aus seinen Fehlern lernen. Er mußte herausfinden, wo und wann er einen Fehler gemacht hatte, damit das in Zukunft nicht noch einmal passierte. Er schloß die Augen.

Zukunft – das Wort hallte fremd und lautlos in seinem Kopf nach. Dann wußte er, weshalb es ihm so fremd vorkam. Hatte er vielleicht gedacht, daß die Tatsache, daß Beth ihn schon wieder bei einer Untreue ertappt hatte, die Zukunft ändern würde? Wie denn? Es wäre schließlich nicht das erste Mal, daß er ihr erklärte, wie das angeblich gekommen war, sie um Vergebung bat und große Versprechen ablegte, immer mit Erfolg. »Betrachte dies als deinen letzten Gedanken an mich –«

Er schauderte zusammen. War Beth etwa verrückt geworden? Nein, Beth war ein Typ, der nicht so leicht die Ruhe verlor, vernünftig, realistisch. Sie plante bestimmt keine Verzweiflungstat, wie zum Beispiel eine Scheidung, oder, nun, wie sollte er sagen, etwas wirklich Verzweifeltes. Nein, auf ihre unnachahmlich widerliche und gemeine Art wollte sie nur versuchen, ihm seine Reise zu verderben.

Verdammt noch mal, und zwar mit Erfolg. Anstatt sich die nächsten paar Tage mit Candace zu amüsieren, würde er jetzt die ganze Zeit nur darüber nachdenken, welche Lüge er Beth erzählen könnte. Es würde ihn ablenken.

Er versuchte, sich zusammenzureißen und warf dem Mädchen,

das neben ihm am Fenster saß, einen Blick aus den Augenwinkeln zu. Er würde sich den Flug nicht von Beth verderben lassen. Das Mädchen sah aus dem Fenster in den blauen Himmel. Das blonde Haar gefiel ihm, und auch das zarte Parfüm, das sie trug. Seine Augen wanderten zu ihren Knien. Nicht schlecht, dachte er für sich.

Wahrscheinlich war sie nicht der Typ, der sich auf einem kurzen Flug aufreißen ließ, aber es würde bestimmt Spaß machen, ein bißchen mit ihr zu flirten. Er mochte attraktive Frauen. Sollte er sich deswegen vielleicht schämen? Er sah sie gerne an, sprach gerne mit ihnen, und ging gerne mit ihnen ins Bett, wenn sich die Gelegenheit dazu ergab.

Und auch wenn eine solche Begegnung nie über das Gesprächsstadium hinausging, genoß er es. Er sprach über sich selbst – ein sehr erfreuliches Thema – und die Frauen fanden ihn und seinen Beruf unweigerlich beeindruckend.

»Nun, angefangen habe ich als Chemiker.« Immer gelang es ihm, diesen Satz irgendwie in der Unterhaltung unterzubringen.

»Das muß eine sehr interessante Arbeit sein.« So oder ähnlich antworteten die Frauen meist. Gutaussehende Frauen sprachen meist auf die Intelligenz eines Mannes an.

»Oh, nein, es war furchtbar langweilig«, sagte er dann. »Chemie ist ein langweiliges, monotones Fach. Aber natürlich habe ich mir dadurch die notwendigen wissenschaftlichen Grundlagen erworben. Im Augenblick bin ich im Verkauf tätig. Fliegender Berater, könnte man mich vielleicht nennen. Ich rate den Kunden, was und wieviel sie nehmen müssen, um den Job zu erledigen.«

Mit hochgezogenen Augenbrauen fragten die schönen Frauen dann meist: »Was für einen Job denn?«

»Den Job, das in die Luft zu jagen, was in die Luft gejagt werden muß«, antwortete er dann mit einem Lächeln. »Meine Firma hat hauptsächlich mit Sprengstoffen zu tun, und ich bin sozusagen ein Bombenspezialist.«

Sprengstoff! Bomben! Aus irgendeinem unbekannten Grund lief ihm ein Schauder über den Rücken. Er klappte den Deckel des Aktenkoffers wieder auf. *Glückliche Landung!* wünschte Beths Zettel ihm.

Unmöglich, dachte er. Ja, es war unmöglich, lächerlich, absurd, fantastisch, einfach – einfach – einfach unmöglich! Aber doch passierte es gelegentlich, kam es ab und zu vor, daß jemand – daß jemand ein Flugzeug in die Luft jagte.

Die süße Blondine neben ihm beugte sich jetzt vor und starrte ihn an. Was tat er bloß? Zitterte er so stark, daß es ihr aufgefallen war?

Er drehte sich nicht lässig zu ihr um und sagte weltmännisch: »Nun, angefangen habe ich als Chemiker«, sondern er sprang auf, warf den Aktenkoffer auf den Sitz und taumelte durch den Mittelgang. Er erreichte den Waschraum, der glücklicherweise leer war, ging hinein und kühlte sich das Gesicht mit Wasser. Er mußte sich nicht übergeben, obwohl er das einen Augenblick lang geglaubt hatte.

Er blieb eine ganze Weile im Waschraum, stützte sich auf das Waschbecken und versuchte, sich zu beruhigen, sich wieder unter Kontrolle zu bekommen, das dumpfe Gefühl zu verjagen, das er sowohl im Kopf als auch im Magen hatte.

Was sollte er tun? Dem Piloten die Nachricht übermitteln, daß sich eventuell eine Bombe an Bord befand? Nein – er war sich ja gar nicht sicher. Aber immerhin, es könnte sein. Warum das Risiko eingehen? Er mußte dem Piloten sagen, daß er so schnell wie möglich landen mußte.

Aber – vielleicht war das genau das, was Beth erreichen wollte – daß er sich lächerlich machte. Bisher hatte Beth nicht oft die Chance gehabt, sich an ihm zu rächen. Sie hatte kein Verhältnis mit einem anderen Mann gehabt, zumindest nicht, daß er es wüßte. Sie war nicht der Typ dafür. Andererseits war sie in gewisser Hinsicht schlau, gerissen, einfallsreich – Züge, die ihn ursprünglich an ihr fasziniert hatten. Was also hatte sie jetzt ausgeheckt?

Wenn sie einfach nur vorhatte, ihn und das Flugzeug in die Luft zu jagen, ein etwas krasses Mittel, so, als erschlage man eine Fliege mit einem Vorschlaghammer, warum hatte sie ihm dann den Zettel geschrieben? Warum hatte sie ihn gewarnt, ihm die Chance gelassen, sich zu retten?

Nein, der Zettel war sehr sorgfältig formuliert, sehr versteckt, fast spöttisch. Hatte sie beabsichtigt, daß er sich verzweifelt fragte, was er wohl bedeutete? Wollte sie, daß er schwitzte und Angst ausstand? O ja, das war es. Sie würde es genießen, ihn zwei

Stunden lang in angstvoller Ungewißheit zu sehen.

Er konnte den Piloten nicht einfach bitten, zu landen. Dafür würde er Gründe anführen müssen. Entweder den Zettel zeigen oder eine Erklärung abgeben. Der Pilot würde landen. Piloten gingen kein Risiko ein. Es würde in die Zeitungen kommen. Mann, die Zeitungen würden sich darauf stürzen. Ron Cormer, Berater einer großen Sprengstoffirma, von seiner Frau bei einer außerehelichen Affäre ertappt, erhält geschickt formulierten Drohbrief, wodurch Passagierflugzeug sich gezwungen sieht, in die Stadt zurückzukehren – oder auf einer Wiese notzulanden. Abgesehen davon war der Zettel eigentlich kein Drohbrief. Sein Chef würde ihm etwas flüstern, wenn er die Firma auf diese Art in die Zeitungen brachte.

Vielleicht war es genau das, was Beth erreichen wollte: daß er zuerst Todesangst ausstand und sich dann vor aller Welt lächerlich machte.

Als er den Waschraum verließ und zu seinem Sitz zurückging, empfand er mehr Mut als Angst. Die süße Blondine sah ihn besorgt und mitfühlend an.

Nun, die nette Unterhaltung mit ihr konnte er wohl abschreiben, dachte er bitter, während er den Aktenkoffer aufnahm und sich selbst in den Sitz fallenließ. Wahrscheinlich dachte sie, daß er reisekrank geworden war, der arme Alte. Vielleicht war sie erleichtert, daß er es bis zum Waschraum geschafft hatte und es nicht direkt neben ihr getan hatte.

Auf jeden Fall mußte er nachdenken, angestrengt nachdenken, und sich über die Sache klarwerden. Er öffnete den Aktenkoffer, las den Zettel noch einmal, wieder ohne ihn anzufassen.

»Betrachte dies als deinen letzten Gedanken an mich – glückliche Landung!« Er schloß den Koffer wieder, aber die Worte waren in sein Gehirn wie eingebrannt. War Beth zum Mord fähig?

Er versuchte, sich an die anderen Male zu erinnern. Beim ersten Mal war sie schockiert gewesen, verletzt, traurig, und danach etwa sechs Monate lang kalt und abweisend. Beim zweiten Mal ebenfalls schockiert, sie hatte seiner Reue und seinen Versprechungen keinen Glauben schenken wollen. Sie konnte ihn einfach nicht verstehen, hatte sie gesagt. Aber später, nach mehreren anderen Mädchen, hatte sie es vielleicht doch verstanden. Das alles war für ihn selbst ein bißchen unklar. Er konnte sich noch an die Namen aller Mädchen erinnern, aber er wußte nicht mehr, in welcher Reihenfolge sie in seinem Leben aufgetaucht waren. Beth hatte gelegentlich von Trennung und Scheidung gesprochen, aber nicht ein einziges Mal hatte sie mit Gewalt gedroht. Sie war resigniert gewesen, hatte sich damit abgefunden. Er hatte gelernt, diskret und vorsichtig zu sein, aber Beth hatte wahrscheinlich erraten, daß er sich nicht geändert hatte. Vielleicht hatte sie sich dazu entschieden, so zu tun, als sei ihr Mann ihr treu, solange sie das Gegenteil nicht mit absoluter Sicherheit wußte. Und als er Candace Devereaux kennengelernt hatte, hatte er keinen einzigen Gedanken daran verschwendet, daß Beth vielleicht davon Wind bekommen könnte, und vor allem, was sie tun würde, wenn sie es erfuhr.

Vielleicht, dachte er jetzt, hatte sie ihn die ganze Zeit über insgeheim nicht aus den Augen gelassen und sich ausgerechnet diese Gelegenheit ausgesucht, eifersüchtig, bitter und gehässig zu reagieren und ihm diesen bösen Zettel in den Aktenkoffer zu schmuggeln.

Sie wußte, daß er den Aktenkoffer immer bei sich behielt. Sie wußte, daß er den Zettel noch während des Fluges finden und lesen würde. Ja, sie wollte, daß er Angst ausstand.

Aber was sonst wollte sie? Denk nach, sagte er sich. Denk nach.

Wußte Beth, wie man eine Bombe baute? Im College hatte sie Chemie als Hauptfach gehabt. Sie beide hatten sich im College kennengelernt, hatten nach dem Abschlußexamen geheiratet, und anschließend hatte Beth noch zwei Jahre lang in einem Labor gearbeitet. Zwar nicht in einem Sprengstofflabor, aber ganz sicher wußte sie, was man alles brauchte, um eine kleine Bombe zu fabrizieren. Es war schließlich einfach genug.

Aber am Flughafen war sie so ruhig und sachlich gewesen, kein bißchen nervös. Es kam nicht oft vor, daß sie zur gleichen Zeit auf Reisen gingen. »Ich glaube, ich besuche Jenny, während du weg bist«, hatte sie gesagt, und sie war zur gleichen Zeit wie er abgeflogen, nur daß ihr Flugzeug nach Osten ging, während er in den Westen flog.

Flog sie wirklich zu ihrer Schwester Jenny? Blödsinn, natürlich tat sie das. Wann hätte sie denn schon einen Geliebten finden sollen?

»Was ist mit der Flugversicherung?« hatte er sie im Flughafengebäude gefragt.

»Es wird dir doch sicher nicht schwerfallen, mich zu ersetzen, Schatz«, hatte sie nur gesagt. Eine bittere, zynische kleine Bemerkung.

Wenn sie vorgehabt hätte, ihn zu töten, hätte sie dann nicht darauf bestanden, eine Flugversicherung abzuschließen? Und zwar eine hohe? Nein, vielleicht auch nicht. Schließlich war Beth nicht dumm. Eine hohe Versicherung würde im Falle einer Explosion in der Luft nur den Verdacht auf sie lenken. Nein, wenn sie versuchte, ihn zu töten, dann nur aus Rache, nicht aus irgendwelchen Gründen des Profits.

Plötzlich fiel ihm das Gepäck ein. War sie mehr als üblich besorgt darüber gewesen, welches Gepäck nun wem gehörte?

»Ich möchte nicht mit deinen Klamotten bei Jenny auftauchen«, hatte sie gesagt. Sie hatten die Tickets am gleichen Schalter gekauft, bei der gleichen Fluggesellschaft, und Beth war noch einen Augenblick stehengeblieben, um sich zu vergewissern, daß jeder der beiden Koffer korrekt verladen wurde.

Aber war das nicht normal? Die Koffer sahen genau gleich aus. Beth verreiste nicht viel und hatte kein eigenes Reisegepäck, und so hatte sie seinen älteren Koffer benutzt, während er den neuen nahm. Da beides Herrenkoffer waren und das Mädchen in der Annahme sie leicht verwechseln konnte, hatte Beth sich eben noch einmal vergewissert.

Hatte Beth die Gelegenheit gehabt, eine Bombe in seinem Koffer zu verstecken? Er versuchte, sich an alle Einzelheiten zu erinnern, bevor sie die Wohnung verlassen hatten. Er hatte seinen Koffer selbst gepackt. In den frühen, romantischen Tagen ihrer Ehe hatte Beth diese kleine Arbeit immer liebevoll für ihn erledigt, aber seit sie wußte, daß sie seine Hemden vielleicht packte, damit er für eine andere Frau ordentlich und gepflegt aussah, hatte sie diese Arbeit ganz und gar ihm überlassen.

Sein Koffer hatte ungefähr eine halbe Stunde lang im Schlafzimmer gelegen, bevor sie sich auf den Weg zum Flughafen machten. Natürlich hatte sie die Möglichkeit gehabt. Er hatte mehrere Telefongespräche geführt. Sie hatte sich zwar auf das Risiko einlassen müssen, daß er in letzter Minute den Koffer noch einmal öffnen würde, aber er hatte es nicht getan.

Damit war er wieder am Anfang angelangt. Beth hatte das Wissen, die Gelegenheit und das Motiv, um ihn umzubringen. Was er bezweifelte, war, ob sie den Mut dazu hatte. War Rache ihr soviel wert?

Wenn ein Flugzeug in die Luft gejagt wird, werden ausführliche Untersuchungen angestellt über jeden Passagier, der sich an Bord befand. Die Polizei würde feststellen, daß Ron Cormer für eine große Sprengstoffirma gearbeitet hatte. Ein merkwürdiger Zufall? Dann würde man feststellen, daß Beth Cormer in Chemie graduiert und bestimmt von ihrem Mann einiges aufgeschnappt hatte. Die Polizei würde herausfinden, woher das Material kam, aus dem die Bombe gemacht war. Hatte Mrs. Cormer Zugang zu derartigen Materialien? Was hatte sie gekauft? Wo? Wann? Derartige Dinge lassen sich nachprüfen.

Beth war zu klug, um das alles zu riskieren.

Er sprang fast aus seinem Sitz, als ihm dieser Gedanke kam. Natürlich! Falls Beth vorhatte, ihn umzubringen, und diese Möglichkeit hielt er durchaus für wahrscheinlich, dann würde sie sich eine weniger spektakuläre und von daher auch weniger gefährliche Methode aussuchen. Dafür würde er seine Hand ins Feuer legen.

Wenn man es genau betrachtete, riskierte er dafür sogar sein Leben.

Er warf der blonden Frau neben sich einen Blick zu. Ihre Augen trafen sich. Er lächelte, und sie lächelte zurück.

»Fühlen Sie sich jetzt wieder wohl?« fragte sie.

»Oh, ja.«

»Sie schwitzen.«

»Tatsächlich?« Er zog ein Taschentuch hervor und wischte sich die Stirn ab. »Tatsächlich, ich schwitze wirklich.«

»Ist es wegen dem Flug?«

»Dem Flug? Oh, nein, ich fliege sehr oft. Aber wenn ich konzentriert nachdenke, komme ich oft ins Schwitzen. Wahrscheinlich habe ich ein bißchen zu konzentriert nachgedacht.«

Sie sah ihn interessiert an. »Über Geschäftsprobleme, oder was?«

»Richtig.«

»Was sind Sie denn von Beruf, daß Sie so angestrengt nachdenken müssen?«

»Ich habe mit Sprengstoffen zu tun.«

Ihre Augen weiteten sich. »Meine Güte!« rief sie aus.

Jetzt konnte er sich in Ruhe der Unterhaltung mit ihr widmen. Es gab keine Bombe. Und falls es doch eine gab, war es inzwischen schon so spät, daß der günstigste Punkt zum Landen sowieso der Zielflughafen war. Die Blondine war lieb und ließ sich leicht beeindrucken. Sie trug keinen Ring am Finger. Vielleicht würde sie sich mit ihm verabreden. Aber Candace würde auf ihn warten. Es war aber auch wirklich zu dumm. Entweder völlige Flaute, oder aber gleich zuviel auf einmal.

»Nun, man könnte mich sozusagen als Bombenspezialist bezeichnen –«, fuhr er fort.

Nach der Landung verabschiedete er sich von der Blondine, weil Candace auf ihn wartete, aber zumindest blieb ihm die Befriedigung, den enttäuschten Ausdruck auf Tonis – so hieß die Blondine nämlich – Gesicht zu sehen.

Candace sah wie immer hinreißend aus mit dem langen, dunklen Haar, dem kühnen, schönen Gesicht mit den hohen Wangenknochen und den leicht orientalischen Zügen.

»Ich habe dich gar nicht hier am Flughafen erwartet«, sagte er, als Toni sich verabschiedet hatte.

»Das sehe ich«, sagte sie. Sie war so groß, daß ihre Augen sich auf gleicher Höhe mit seinen befanden, und diese Augen sahen ihn kühl an. »Wer war das Mädchen?«

»Ach, ich habe im Flugzeug neben ihr gesessen.«

»Das bringst du auch jedesmal fertig.«

»Natürlich, schließlich habe ich ja auch dich gefunden.«

Zusammen gingen sie zum Gepäckschalter, um seinen Koffer abzuholen.

»Aber im Ernst«, sagte er. »Warum bist du hier?«

»Ich habe heute nachmittag frei, und da dachte ich, wir könnten ihn zusammen verbringen.«

»Ich müßte zuerst zu meinem Kunden.«

»Kann das nicht bis morgen warten?«

»Vielleicht kann ich den Termin noch umlegen.«

Schweigend standen sie am Gepäckschalter. Candace dachte

ungeduldig, daß er heute aber in wenig redseliger Stimmung sei. Ron Cormer aber konnte sich jetzt nicht mit Reden abgeben. Er mußte sich mit einem unvorgesehenen Problem auseinandersetzen.

Er war sicher auf der Erde gelandet. Er hatte also die richtige Entscheidung getroffen, als er niemanden über den Zettel informierte und seine Angst und seinen Verdacht für sich behielt. Aber was war mit seinem Koffer?

Er konnte ihn natürlich hierlassen und Candace irgendeine plausible Erklärung dafür abgeben. Sollte das Ding doch hier in die Luft fliegen, falls eine Bombe drin war. Die Chance, daß man die Bombe später mit seinem Gepäckstück in Verbindung bringen würde, war nicht sehr groß. Oder er konnte den Koffer mitnehmen und ihn unterwegs in einen Fluß oder See werfen. Das Wasser würde den Zeitzünder und den Detonationsmechanismus wahrscheinlich außer Funktion setzen, und selbst wenn nicht –

Was redete er sich denn da nur ein? Es gab keine Bombe. Zu diesem Schluß war er doch bereits gekommen, oder etwa nicht?

»Da ist ja mein Koffer«, sagte er zu Candace.

Er nahm den Koffer und ging mit Candace zu der Stelle, wo sie ihren roten Sportwagen geparkt hatte. Es war ziemlich weit, aber das machte ihm nichts aus. Er genoß das Gefühl, festen Boden unter den Füßen zu haben, und die Sonne schien strahlend vom wolkenlosen Himmel. Er freute sich auf Candaces Wohnung. Irgendwie hatte es einen ganz besonderen Reiz, sich mitten an einem hellen, sonnigen Tag zu lieben.

Sie fuhren zu ihrer Wohnung. Normalerweise fuhr Candace schon schnell, aber heute hatte sie es besonders eilig. Sie war verärgert über ihn, eifersüchtig. Beth war eifersüchtig, und jetzt war auch Candace eifersüchtig. Irgendwie gefiel ihm das.

Candace lebte in einer Luxuswohnung. Er wußte nicht, womit sie sich eine solche Wohnung leisten konnte. In der Stadt gab es schließlich nicht so viel Arbeit für ein Modell. Sie hatte ihn noch nie um Geld gebeten, und er hatte sie noch nie gefragt, woher sie ihres hatte.

Als Candace die Tür aufschloß und sie die Wohnung betraten, mußte er wieder daran denken, wie Beth hatte herausfinden können, daß er mit Candace Devereaux ein Verhältnis hatte. Er hatte sie ganz zufällig kennengelernt. Sie hatte nichts mit seiner

Firma oder seinen Kunden zu tun. Wieviel wußte Beth genau? Kannte sie zum Beispiel diese Adresse? Hatte sie sich vielleicht sogar mit Candace in Verbindung gesetzt?

War das vielleicht, und nicht Toni, der Grund dafür, daß Candace heute so verstimmt schien? Der Gedanke reizte ihn. Sollte er sie fragen?

»Mach es dir gemütlich«, sagte Candace.

Das tat er. »Ich würde gerne duschen«, sagte er. »In diesem Flugzeug war es unmöglich heiß. Ich habe die ganze Zeit über geschwitzt.«

Er legte den Koffer auf die Couch. Er würde ein frisches Hemd brauchen. Und frische Unterwäsche. Er öffnete die beiden Schnappverschlüsse des Koffers.

Während er das tat und schon den Deckel hob, fiel ihm auf einmal ein, daß es verschiedene Arten von Bomben gibt. Manche haben keinen Zeitzünder, sondern einen Schnappmechanismus, und sie explodieren, wenn –

Er sollte den Gedanken nicht mehr zu Ende denken.

Beth Cormer erfuhr erst am nächsten Tag, daß ihr Mann tot war. Solange brauchte die Polizei, um Ron Cormers Identität festzustellen, seine Heimatadresse zu finden und dann Beth bei ihrer Schwester Jenny aufzuspüren. Beth nahm die Nachricht mit stoischer Ruhe entgegen.

»Es hat eine Explosion gegeben«, sagte der Polizist am Telefon. »Wir wissen noch nicht genau, was und wie es passiert ist. Sie können im Augenblick absolut nichts tun, Mrs. Cormer, aber es gibt da noch ein paar Kleinigkeiten, die ich gerne klären würde. Könnte ich vielleicht bei Ihnen vorbeikommen?«

»Natürlich«, sagte Beth.

»Falls ich noch das Flugzeug bekomme, wäre ich am frühen Nachmittag da«, sagte der Polizist.

»Ich werde Sie erwarten«, versicherte Beth ihm.

Der Polizeibeamte, ein Leutnant Blake, ein kleiner, kräftiger Mann, traf am frühen Nachmittag ein. Beth und Jenny führten ihn in Jennys Wohnzimmer. Nachdem Leutnant Blake Beth sein Beileid ausgedrückt hatte, kam er zur Sache.

»Mrs. Cormer, Ihr Mann befand sich in der Wohnung einer Frau namens Candace Devereaux. Auch Miss Devereaux kam bei der Explosion ums Leben. Kannten Sie Candace Devereaux?«

»Nein«, erwiderte Beth gelassen, »aber mein Mann hatte oft – Freundinnen. Das wußte ich.«

»Die Explosion scheint auf eine Bombe zurückzuführen zu sein. Nach dem, was wir bisher feststellen konnten, befand sie sich offensichtlich in Mr. Cormers Koffer. Vom Koffer sind nur ein paar Fetzen übriggeblieben, und darin einige Metallteile, ziemlich verbogen. Sonst ist alles verbrannt. Offensichtlich hat es auch einen Aktenkoffer gegeben. Aber auch von dem ist nichts übriggeblieben. Die Bombe muß sich im Koffer befunden haben. Wir wissen, daß Mr. Cormer gerade erst in der Stadt angekommen war, und zwar per Flugzeug, und ein Flugzeug sowie eine Bombe in einem Koffer lassen vermuten, daß die Bombe vielleicht explodieren sollte, während das Flugzeug sich in der Luft befand –«

Beth stand auf und unterbrach ihn. »Wollen Sie damit sagen, daß jemand vielleicht versucht hat, ihn umzubringen?«

Der Leutnant zuckte die Schultern.

»Es könnte aber auch sein«, fuhr Beth fort, »daß *er* versucht hat, jemanden umzubringen.«

Der Leutnant sah sie verständnislos an. »Wen denn?«

»Mich«, erwiderte Beth ruhig. »Die Frau, an der ihm schon lange nichts mehr lag. Wir sind fast zur gleichen Zeit, nur mit verschiedenen Flugzeugen, abgeflogen, Leutnant.«

»Aber die Bombe«, warf Blake ein, »befand sich im Koffer Ihres Mannes.«

»Unsere Koffer sahen sich sehr ähnlich«, erklärte Beth. »Im Flughafen muß eine Verwechslung vorgekommen sein. Denn sehen Sie, Leutnant, ich bin hier mit dem Koffer meines Mannes angekommen.«

Sie ging zu einem Schrank, zog einen Koffer hervor und öffnete ihn für den Leutnant. Im Koffer befanden sich ein Anzug und verschiedene Herrenhemden, Socken und Unterwäsche.

»Nicht wahr, Jenny, mit diesem Koffer bin ich hier angekommen?« fragte Beth ihre Schwester.

»Ja, genauso war es«, bestätigte Jenny.

Originaltitel: DESTRUCTION ENGINEER. 11/69

Michael Zuroy

Der Geigenbauer

Mr. Alfonse Pettroggi saß auf einem Drehstuhl in der Mitte des großen Zimmers, und im Schatten um ihn herum befanden sich die Mitglieder des Sonderrates, den die Organisation einberufen hatte, um seinen Fall zu beurteilen. Die verstellbare Deckenlampe war so weit heruntergezogen worden, daß sie nur sein Gesicht mit den vertikalen Furchen und seinen drahtigen, ruhelosen Körper beleuchtete. Er war nicht nervös, nur ungeduldig.

Tony Winott, Mr. Pettroggis unmittelbarer Vorgesetzter und auch ein Mitglied des Rates, hatte das Wort. Er war ein schwerer Mann mit dichtem Haar und einer Stimme, die aus einer unterirdischen Höhle zu kommen schien. »Alfie möchte aus der Organisation ausscheiden«, sagte Tony formell. »Dieser Rat muß sich nun mit der Frage befassen, ob er die Erlaubnis dazu erhält oder nicht.«

»Es gibt nicht viele annehmbare Gründe«, sagte Arnie Boal, der an der anderen Seite des Kreises saß, mit düsterer Stimme.

Das älteste anwesende Mitglied, Hapriano, kahl, zierlich, dick bebrillt, sagte mit piepsiger Stimme: »Aber es gibt Gründe. Einer davon ist der Gesundheitszustand. Vielleicht fühlt sich Alfie nicht sonderlich gut. Vielleicht sollte Doc ihn einmal untersuchen. Ein Attest von Doc wäre wirklich ein annehmbarer Grund.«

»Nun, Alfie, bist du krank?« fragte ein anderes Mitglied des Rates aus dem Schatten heraus.

Mr. Pettroggi drehte sich mit dem Stuhl um und sagte in Richtung des Fragers: »Nein, ich bin nicht krank.«

»Hast du vielleicht von jemand anderem ein besseres Angebot bekommen?« wollte Arnie Boal wissen.

»Ich arbeite für keinen anderen«, sagte Mr. Pettroggi ärgerlich. »Ich will diese Arbeit aufgeben, und zwar ganz und vollkommen.«

»Du solltest Red Schweitzer aus dem Weg räumen«, warf Tony ein. »Wir haben dich mit dieser Aufgabe beauftragt. Bis jetzt hast du noch keinen Versuch gemacht, ihn umzulegen. Würdest du dem Rat vielleicht freundlicherweise erklären, weshalb nicht?«

»Aber gerne«, sagte Mr. Pettroggi. »Ich bin es müde, andere

Leute umzulegen. Ich möchte, daß jemand anderes diesen Auftrag übernimmt.«

»Wir haben aber dich dazu bestimmt, Alfie«, sagte Tony. »Red Schweitzer ist ein sehr harter Brocken. Wir wollten *dich*, mit deinem besonderen Talent für diese Operation. Wir haben jetzt das Gefühl, Alfie, daß du uns sehr enttäuscht hast.«

Schweißtropfen glitzerten auf Mr. Pettroggis Gesicht. Er blickte der Reihe nach in die wartenden Gesichter, die er im Halbschatten nur schwer erkennen konnte. Er streckte die Hände aus, Handflächen nach oben. »Ich bitte Euch, mich zu verstehen. Ich bin neununddreißig Jahre alt. Ich arbeite schon sehr lange für die Organisation. Bisher hat es noch nie Grund zur Klage gegeben, oder? Und jetzt sehe ich diese Vision vor meinen Augen: dieses Leben ist für mich nicht richtig. Für andere mag es in Ordnung sein, für mich ist es falsch. In meinem Herzen bin ich ein Künstler.«

»Na sicher bist du das, Alfie«, sagte Tony. »Du bist ein Künstler mit der Pistole, mit den Händen, den Füßen, mit allem. Einer unserer besten.«

»Ich finde, daß das keine Befriedigung für meine Seele ist«, sagte Mr. Pettroggi ernst. »Es ist nicht kreativ. Es ist nicht die Lebensphilosophie, die ich brauche. Es ist kein Erbe, das ich meinen Kindern weitergeben kann.« Er schlug sich leicht mit der geballten Faust gegen die Brust. »Ich muß schöpferisch tätig sein. Ich muß Dinge machen, die dauerhaft und schön sind, die Monumente meines Leben sind, so daß die Leute sagen werden: ›Das ist sein Werk!«

Ein hagerer Mann, der hinter den Ratsmitgliedern an der Wand lehnte, sagte: »Seine Zündkerzen sind ein bißchen locker.«

»Halt den Mund, Franky«, sagte Tony. »Du wirst nicht für deine Meinung bezahlt. Du gehörst nicht zum Rat, du bist nur der Muskelmann, also behalt deine Meinung für dich.«

»Ja, halt den Mund, Franky«, sagte ein zierlicher Mann, der neben ihm stand.

»Du hältst auch den Mund, Solly«, sagte Tony. »Also gut, Alfie, was willst du denn machen?«

»Geigen«, sagte Mr. Pettroggi.

Ein tiefes Schweigen folgte auf diese Antwort. Hapriano sagte schließlich: »Kannst du das näher erläutern?«

»Ich habe daheim eine kleine Werkstatt«, sagte Mr. Pettroggi. »Mit den besten Werkzeugen eingerichtet, die ich bekommen konnte. Seit Jahren baue ich dort in meiner Freizeit Geigen. Und jetzt glaube ich, daß ich gut genug bin, um daraus eine richtige Beschäftigung zu machen. Ich habe das Gefühl dafür. Eine richtig gute Geige zu bauen ist eine wahre Kunst. Es gibt nicht viele Meister auf diesem Gebiet. Guarneri, Stradivari –«

»Ach ja, Stradivari«, sagte Hapriano.

» – Amati, Maggini und noch ein paar andere. Und ich habe den Traum, daß es eines Tages einen Pettroggi geben wird.«

»So etwas habe ich ja noch nie gehört«, sagte Arnie Boal. »Was soll denn das für ein Geschäft sein? Wo ist die prozentuale Beteiligung? Willst du dich über uns lustig machen, Pettroggi?«

»Ich habe noch nie etwas so ernst gemeint«, sagte Mr. Pettroggi. »Die besten Geigen müssen von Händen gemacht werden, die ein Gespür für das Holz haben. In einer Fabrik ist kein Platz für ein derartiges Wunder. Man muß es schaffen, daß alles zusammen singt, wie ein Chor von Engeln. Der Steg, die Schnecke, der Saitenhalter, der Schallkörper, die Schallöcher, die Gelenke, selbst der Lack, alles muß zusammenklingen.«

»Und du glaubst, daß du das kannst, Alfie?« fragte Tony.

»Ich werde immer besser.«

»Und wie sieht's mit dem Geld aus?«

»Zweitausend pro Stück, vielleicht auch etwas mehr, wenn ich es erst einmal perfekt mache und einen Ruf habe.«

»Und bis dahin kriegst du wieviel?«

»Keine Ahnung.«

»Die Sache stinkt«, sagte Tony. »Es dauert doch bestimmt lange, so eine Geige zu machen, oder? Und wie lange, bis du deinen Ruf hast? Fünf Jahre, zehn Jahre, vielleicht auch nie? Also für mich klingt das alles nach Armenhaus.«

»Das Risiko muß ich eingehen.«

»Wer schafft es denn in diesem Beruf? Wie viele Leute?«

»Nicht viele«, mußte Mr. Pettroggi zugeben. »In unserer Stadt gibt es einen. Er heißt Johan Emmrech, ein alter Schweizer. Er ist kein Stradivari, aber er hat einen ziemlich guten Ruf.«

»Wo wohnt er?«

»Ich weiß es nicht, ich war noch nie da. Aber steht im Telefonbuch.«

»Besorg die Adresse«, sagte Tony zu Franky.

»Mir gefällt das alles nicht«, sagte Boal.

»Mir auch nicht«, murmelte ein anderes Ratsmitglied.

»Man sollte zumindest noch einmal darüber nachdenken«, sagte Hapriano.

Tony erhob sich und trat aus dem Kreis ins Licht. Er packte Mr. Pettroggis Schulter und gab ihm einen Stoß. Mr. Pettroggi wirbelte mit seinem Drehstuhl herum. Der Rat sah schweigend zu, wie er sich immer wieder um sich selbst drehte, bis der Stuhl endlich zum Stillstand kam. Dann packte Tony Mr. Pettroggi bei den Haaren und zerrte seinen Kopf von links nach rechts. Er ließ wieder los. »Vielleicht bringt das deinen Verstand wieder auf den richtigen Fleck«, sagte Tony mit so tiefer Stimme, daß die Gläser auf dem Bord an der Wand zu klirren anfingen. »Du hast einen gutbezahlten Beruf, Alfie. Du lebst gut, hast ein schönes Haus, ein Sommerhaus am Meer, Cadillacs und was man sich sonst noch so wünschen kann. Kennst du denn kein Verantwortungsgefühl für deine Familie? Deine Frau Sharon ist eine gute Frau. Hat sie das verdient? Was ist bloß mit dir los, daß du ihr jede Sicherheit wegnehmen willst?«

»Ich muß Geigen bauen«, sagte Mr. Pettroggi.

»Ich weiß, was du brauchst, Alfie«, sagte Tony. »Du brauchst Urlaub. Zum Teufel, jeder macht mal eine flaue Phase durch. Die Routine ist daran schuld.«

»Routine kann tödlich sein«, sagte Hapriano.

»Du erledigst noch diesen einen Auftrag«, sagte Tony. »Leg Red Schweitzer um, und dann kannst du mit deiner Familie einen hübschen Urlaub machen – auf unsere Kosten. Du wirst erholt und frisch wiederkommen und dich wieder an die Arbeit machen. Stimmt der Rat diesem Vorschlag zu?«

Überall war zustimmendes Murmeln zu hören.

»Ich werde nicht mehr Leute umlegen und unter Druck setzen«, sagte Mr. Pettroggi störrisch. »Es ist nicht richtig für mich. Ich will Geigen bauen, und ich bitte den Rat um die Erlaubnis, die Organisation zu verlassen, und zwar im guten, und ich hoffe, daß der Rat groß genug ist, um verstehen zu können.«

Es war, als sei ein Vorhang über Tonys Gesicht gefallen. Er

starrte Mr. Pettroggi lange an.

»Klar ausgedrückt«, sagte Hapriano. »Würdest du bitte im Nebenzimmer warten, während wir deinen Fall diskutieren?«

Franky und Solly hefteten sich an Mr. Pettroggis Fersen, als er ins Nebenzimmer ging.

Die Diskussion dauerte lange. Schließlich wurde die Tür wieder geöffnet. Tony kam allein zu Mr. Pettroggi. Sein Gesicht war ausdruckslos. »Es ist uns schwer geworden, eine Entscheidung zu fällen. Ich war es, der die anderen davon überzeugt hat, daß ein Mann mit deinem Talent und deinem Ruf besondere Aufmerksamkeit verdient. Wir haben beschlossen, daß du eine letzte Lektion verdient hast, und ich wurde ausgewählt, sie dir zu verabreichen. Los, Jungs, wir machen mit Alfie eine kleine Fahrt.«

Mr. Pettroggis Wangenmuskeln zuckten.

»Immer mit der Ruhe«, sagte Tony. »Es gibt alle möglichen Fahrten.«

Franky fuhr, Solly saß neben ihm, und Mr. Pettroggi und Tony saßen hinten. Die Lichter der Stadt flogen vorbei, während sie schweigend durch die Straßen fuhren. Sie überquerten geschäftige Kreuzungen, ruhigere Wohnstraßen, einen Park. Fast am Rande der Stadt hielten sie an. Vor ihnen erstreckte sich ein großes Gelände voll brütender Schatten in vielen Formen, dunkel und einsam, so weit der Blick reichte.

»Was ist das, Alfie?« fragte Tony.

»Ein Friedhof«, sagte Mr. Pettroggi.

»Richtig. Der Elmwood-Friedhof. Viele Leute liegen hier begraben. Hairy Kibble liegt hier, um nur ein Beispiel zu nennen. Erinnerst du dich noch an Hairy, Alfie?«

»Sicher«, sagte Mr. Pettroggi, »erinnere ich mich noch an Hairy.«

»Lefty Backus liegt hier. Erinnerst du dich noch an Lefty?«

»Ja, ich erinnere mich noch an Lefty.«

»Auch Leo Faschetti ist hier. Weißt du noch?«

»Ja, ich weiß noch.«

»Erinnerst du dich noch an Mack Ryan?«

»Ja.«

»An Johnny Tuscio?«

»Ja.«

»Okay, wer hat dafür gesorgt, daß diese Männer hier liegen?«

»Er«, sagte Franky.

»Halt den Mund, Franky. Wer hat dafür gesorgt, daß diese Männer hier liegen?«

»Ich«, sagte Mr. Pettroggi.

»Genau. Du hast sie umgelegt, kein anderer. Jeder dieser Männer hat einen schönen, teueren Grabstein bekommen, der Hunderte von Jahren, vielleicht sogar Tausende von Jahren halten wird. Du willst Monumente? Du willst Beweise für das, was du geschaffen hast? Du willst etwas, auf das du stolz sein kannst? Da hast du deine Monumente.«

»Einige davon sind wirklich wunderschön«, sagte Solly.

»Halt's Maul, Solly. Alfie, Geigen zerbrechen, Steine überdauern alles. Du kannst noch mehr Monumente errichten. Du hast ein Talent, warum willst du es für etwas aufgeben, dessen du dir noch nicht einmal sicher bist?«

»Ich muß Geigen bauen«, sagte Mr. Pettroggi.

»Fahr weiter, Franky«, sagte Tony. »Wohin ich dir gesagt habe.«

Wieder Straßenlampen, hellerleuchtete Geschäfte, Ampeln, rote Rücklichter, Scheinwerfer, menschengefüllte Straßen, ruhige Wohnblocks, Parkplätze, und sie kamen in einen älteren Stadtteil mit bescheidenen, kleinen Einfamilienhäusern. Franky parkte am Straßenrand.

»Wie ich es mir vorgestellt habe«, sagte Tony. »Weißt du, wo wir sind, Alfie? Weißt du, wer hier wohnt? Johan Emmrech, der Geigenbauer mit dem guten Ruf. Siehst du, da steht sein Name.«

»Ich wußte es nicht«, sagte Mr. Pettroggi.

»Es gibt eine ganze Menge, was du nicht weißt, Alfie. Hier wohnt er also. Sieh dir das Auto auf der Auffahrt an, nicht einmal ein Cadillac, mindestens zwei Jahre alt, und brandneu hat es bestimmt keine dreitausend gekostet. Würdest du so ein Auto fahren? Würdest du wollen, daß Sharon sich in einem solchen Ding sehen läßt? Sei doch fair, Alfie. Sieh dir das Haus an, einfacher Backstein, kein großes Aussichtsfenster, sechs, höchstens sieben lausige Zimmer. Kein Platz für ein Wohnzimmer von der Größe einer Kirche, kein Platz für ein Billardzimmer, eine Küche auf zwei Ebenen, kein Platz für ein Schlafzimmer von der Größe von Ballsälen. Sieh dir den Garten an. Höchstens fünfzig auf hundert

Meter, kein Springbrunnen, kein schmiedeeiserner Zaun. Das ist Armut, Alfie. Das ist alles, was du dir mit deinen Geigen leisten könntest. Willst du so leben? In einem Slum?«

»Trotzdem muß ich Geigen bauen«, sagte Mr. Pettroggi.

»Fahr weiter, Franky.«

Wieder fuhren sie durch die Stadt, quer hindurch, über breite Boulevards, und hielten schließlich in einer Straße an, wo eindrucksvolle Villen nebeneinander standen. Tony deutete die Straße entlang. »Weißt du, wer hier wohnt?«

»Ja, ich weiß es.«

»Red Schweitzer wohnt hier. In diesem Haus sind immer ein paar von seinen Leuten, um ihn zu beschützen. Er geht nicht viel aus, und wenn er einmal ausgeht, dann nur in einem kugelsicheren Auto und mit seiner Leibwache um sich versammelt. Es braucht schon einen Künstler, um diesen Typ umzupusten. Dazu braucht man Köpfchen, Gespür, Mut, Talent. Es ist eine Herausforderung. Und du willst Geigen bauen. Du willst einen Ruf? Du hast schon einen. Du willst kreative Arbeit? Da hast du sie, Alfie.«

»Ich muß Geigen bauen«, sagte Mr. Pettroggi.

»Denk noch einmal darüber nach, was ich dir gezeigt habe«, sagte Tony. »Wir geben den Job an niemand anderen weiter. Red hält sich noch eine Weile. Fahr ihn nach Hause, Franky.«

Die Wochen, die jetzt folgten, waren am Anfang sehr schön für Mr. Pettroggi. Egal, was Tony sich auch gewünscht hatte, er war mit der Organisation ein für alle Mal fertig. Hier lag seine Arbeit, hier in seinem kleinen Arbeitszimmer, das erfüllt war von dem süßen und auch herben Geruch von Holz, Leim und Firnis. Hier gehörte er hin, zu seinen Werkzeugen, die sich in seinen geübten Händen wie zu Hause fühlten. Hier war Friede. Hier gab es keine Sorgen und keinen Ärger. Nur schönes, weiches Holz, das er streicheln und pflegen konnte.

Die Vergangenheit war vorbei. Das alles lag hinter ihm. Es hatte keinen Zweck, noch darüber nachzudenken. Jedesmal, wenn die Vergangenheit sich ihm aufdrängen wollte, verjagte er sie wieder.

Sharon jedoch war nicht so bereit wie er, den Dingen ihren Lauf zu lassen und sich in das Neue zu fügen. »Die Zeit vergeht, Alfie, und es kommt kein Geld ins Haus«, beklagte sie sich. »Wie lange können wir so noch weitermachen?«

»Noch haben wir Geld.«

»Natürlich, aber es wird immer weniger. Wo ist das Geld, das die Geigen dir einbringen sollten?«

»Es wird kommen.«

»Ich mache mir Sorgen wegen der Organisation, Alfie. Ich mache mir Sorgen um dich. Wenn jemand versucht, auszusteigen, wird er meistens umgelegt.«

»Tony versteht mich.«

»Dieser Tony lächelt dir in einem Augenblick ins Gesicht und bringt dich im nächsten um. Du glaubst, daß du sicher bist, und ein Jahr später merkst du plötzlich, daß du tot bist.«

»Es ist ja schließlich nicht so, daß ich bei einem anderen Verein eingestiegen bin.«

Es war ein schwerwiegender Augenblick, als Mr. Pettroggi der Geige, an der er gearbeitet hatte, die ersten Töne entlockte. Es war auch ein schlimmer Augenblick. Der Ton war enttäuschend. Zwar gut, aber doch nicht das, was er sich erhofft hatte.

Die nächste Geige war vielleicht ein bißchen besser, aber auch ihr fehlte etwas. Eine gewisse Qualität, die einfach nicht da war.

Er arbeitete viele, viele Stunden an einer anderen, verwendete alle Sorgfalt und alle Liebe, die er für diese Arbeit empfand. Als er die ersten Töne hörte, kamen ihm Tränen in die Augen. Kein Zauber lag darin.

Wie lange würde es dauern, bis er es endlich schaffen würde? Wie viele Jahre? Vielleicht sogar nie? Es konnte sein, daß er einfach nicht den Funken besaß, von dem er geglaubt hatte, er stecke in ihm.

Er mußte es genau wissen.

Mr. Emmrechs Werkstatt war in einem Seitenflügel seines Hauses untergebracht. Es war ein kleiner, dunkler Raum, nicht zu vergleichen mit Mr. Pettroggis modernem Arbeitszimmer. Pfeifenrauch hing dick in der Luft. Emmrech war ein drahtiger, ältlicher Mann mit Augen so blau wie die einer Puppe.

Mr. Pettroggi wußte, daß er keine großen Worte machen mußte, obwohl er den berühmten Geigenbauer noch nie im Leben getroffen hatte. Er nahm die Geige, die er für seine beste hielt, aus dem Kasten und legte sie auf den Arbeitstisch. »Ich habe diese Geige gemacht«, sagte er. »Würden Sie mir bitte sagen, was Sie davon halten?«

Emmrech nahm die Geige vorsichtig in die Hände. Er strich sanft mit seinen kräftigen Fingern darüber, drehte sie hin und her. Er brummte vor sich hin und griff nach einem Bogen. Er stimmte die Geige und spielte eine merkwürdige, kleine Melodie. Dann legte er die Geige wieder hin. »Nicht schlecht«, sagte er.

»Ist das alles?«

»Sie wollen die Wahrheit wissen, nicht wahr? Es gibt viele gute Instrumente. Wenig hervorragende. Diese Geige hier ist nicht schlecht.«

»Woran liegt es?«

»Sie haben Geschick. Aber Geschick ist nicht genug. In einer Geige muß die Seele mitschwingen. Und ein Instrument erhält seine Seele von seinem Meister.«

»Wollen Sie damit sagen, daß ich keine Seele habe?«

Emmrechs blaue Augen richteten sich fest auf Mr. Pettroggi. »Von Ihnen, da weiß ich nichts. Von Ihrem Instrument weiß ich einiges. Da sind Makel. Da ist ein Fehler, eine böse Spannung, als hätten Sie selbst einen Fehler gemacht, etwas Böses getan.«

»Ja«, sagte Mr. Pettroggi, »ich habe Böses getan.«

»Es ist keine Reinheit da. Denn wie kann man Reinheit erreichen, wenn man voller Schuld ist?«

»Ja, ich war schlecht, schlecht, schlecht«, klagte Mr. Pettroggi sich selbst an.

»Es ist ein Unbehagen in dieser Geige. Wenn man ein Unbehagen für sich selbst empfindet, dann fehlt einem die Selbstachtung, das reine Gewissen.«

»Oh, und was für ein Gewissen ich habe«, stöhnte Mr. Pettroggi. »Ich wünsche Ihnen, daß Sie nie mit meinem Gewissen leben müssen.«

»Entschuldigen Sie mich, ich muß jetzt arbeiten.«

»Ich danke Ihnen«, sagte Mr. Pettroggi. »Ich danke Ihnen sehr.«

Mr. Pettroggi fuhr lange durch die Stadt und dachte nach. Als er schließlich anhielt, war er nicht erstaunt darüber, wo er sich befand. Vielleicht war es unvermeidlich gewesen, daß er hier landen würde.

Er streckte die Hand aus und zog an einem Hebel unter dem Sitz.

Ein Teil des Sitzes, direkt neben ihm, klappte auf. Aus dem Geheimfach, das jetzt offen war, nahm er die Gegenstände heraus, die er brauchte, einschließlich die Automatik vom Kaliber zweiunddreißig. Mit sicheren Händen legte er sich die zwei Schulterhalfter an und verteilte die anderen Dinge an seinem Körper.

Er ließ das Auto in der dunklen Seitenstraße stehen und bog um die Ecke in die breitere Straße ein. Vier Häuser von der Villa von Red Schweitzer entfernt schlug er sich in die schmale Gasse, die er schon bei seinem ersten Besuch hier, kurz nachdem er den Auftrag bekommen hatte, aufgestöbert und überprüft hatte. Dann glitt er leise durch die Schatten bis zu dem dunklen Hinterhof, die Stahltreppe hinauf, bis er sich im hinteren Gang des kleinen Mietshauses befand. Schnell, leise – die Treppe hinauf, die nicht gerade sauber war, an den Türen der Wohnungen vorbei, hinter denen sich nichts rührte, drei Treppen hoch, und schon war er auf dem Dach.

Unter seinen Füßen spürte er die Teerpappe. Frische Luft – und die niemals endenden Geräusche der Stadt brandeten an sein Ohr. Es war, als sei er allein an einem Strand. Er überquerte Dächer, kletterte über die Mauern, die die verschiedenen Häuser voneinander trennten. Eine Lücke zwischen zwei Häusern – okay, er hatte gewußt, daß diese Lücke da war. Ein schneller Sprung über den schwarzen Abgrund, er landete auf allen Vieren. Also, das hatte er geschafft. Nur noch ein Dach, und er war auf Red Schweitzers Haus angelangt.

Vorsichtig zog er an der Dachluke. Sie war verriegelt. Was auch sonst. Er hatte nichts anderes erwartet. Er befestigte die kleine Plastikbombe an der Tür, trat hinter eine Mauer. Bäng. Er trat wieder vor. Die Tür war offen. Jetzt mußte er so schnell sein wie ein Wiesel. Er war so schnell. Es war eines seiner besonderen Talente.

Ein Typ im obersten Stock, die Knarre in der Hand, bereit zu schießen. Peng. Er erwischte ihn als ersten. Die nächste Treppe hinunter, und drei Männer kamen ihm entgegen. Ein Tritt an den Kopf schickte den ersten taumelnd die Treppe hinunter, genau auf die anderen beiden zu, ein paar Schüsse, und sie alle sanken zu Boden. Jetzt öffneten sich Türen. Er benutzte jetzt besser seine Lecco 512. Das Tränengas in jede Tür, und schnell weg aus diesem

Stockwerk, das sich blitzschnell mit Gas füllte.

In zwei Sprüngen die nächste Treppe hinunter, die Granate werfen. Wie er erwartet hatte, war die ganze Meute dort versammelt, mit entsicherten Knarren. Nach der Explosion lagen sie alle da, wie er in dem Licht, das aus einem der Zimmer fiel, feststellen konnte. Zwei der Männer konnten nicht schwer verletzt sein, denn sie schickten durch den Rauch Kugeln hinter ihm her, die natürlich Schwierigkeiten hatten, ihr Ziel zu finden, weil dieses Ziel schon nicht mehr da war, sondern sich ein paar Stufen höher befand. Dann ein wirklich schneller Sprung, ein kurzer Kugelhagel, und die beiden waren so still wie der ganze Rest.

Wo war Red? Immer noch in seinem Zimmer. Er hielt sich fern, wollte nicht rauskommen. Das hier mußte sein Zimmer sein, das beste Zimmer im ganzen Haus, mit großen, geschwungenen Fenstern.

Geduckt warf sich Mr. Pettroggi gegen die Tür und stürzte in das dunkle Zimmer. Von irgendwoher kamen Schüssen, aber er war nicht leicht zu treffen. Dafür bewegte er sich zu schnell. Im Vorbeirasen hatte er die Tür hinter sich zugeschlagen, damit das Licht aus dem Gang ihn nicht verraten würde. Lautlos glitt er durch das Zimmer. Die Schüsse hatten aufgehört.

Red war hier in diesem Zimmer. Irgendwo. Aber er konnte ihn nicht sehen. Er wußte zwar, wo die Schüsse hergekommen waren, aber Red hatte inzwischen sicher auch seinen Standort gewechselt. Wenn er jetzt schoß, würde er sich nur verraten.

Ruhig. Jeder lauschte auf den Atem des anderen. Er konnte es sich nicht leisten, noch länger in der Dunkelheit Verstecken zu spielen. Er schoß die Leuchtpistole ab.

Das Zimmer erstrahlte in plötzlichem Licht, das sofort wieder erlosch. Es war genug gewesen. Da war Red, die Pistole in der Hand, wie erstarrt von dem Blitz, und schon schlugen die Kugeln in seinen Körper ein. Näher, noch einmal nachsehen. Ja, Red war tot.

Zum Fenster. Er hing nur an den Fingerspitzen an der Fensterbank im zweiten Stock, seine Füße waren nur etwas mehr als ein Stockwerk über der Erde. Er ließ sich fallen. Seine Beine waren wie Federn. Unverletzt sprang er auf, rannte zur Ecke, umrundete sie noch, bevor die ersten Schüsse aus den Fenstern fielen. Minuten später war er in seinem Auto schon kilometerweit entfernt.

Am nächsten Tag saß Mr. Pettroggi friedlich in seinem Arbeitszimmer. Unter seinen Händen nahm eine neue Geige Gestalt an. Seine Hände waren voller Frieden, so wie auch seine Seele. Vielleicht. Vielleicht dieses Mal.

Es klopfte an der Tür. »Herein«, rief Mr. Pettroggi. Sharon führte Tony, Frank und Solly hinein. »Hallo«, begrüßte Mr. Pettroggi die drei Männer.

»Hallo«, sagte Tony. Er blieb dicht vor Mr. Pettroggi stehen und sah ihn ausdruckslos an. Dann packte er langsam und voller Zuneigung Mr. Pettroggis Haare und zog seinen Kopf von links nach rechts. Er packte Mr. Pettroggis Arme und strich mit seinen beiden Händen fest darüber, auf und ab, auf und ab. »Das ist mein Junge«, sagte Tony. »Du hast ihn umgelegt, und dazu noch ein paar andere. Soviel ich erfahren konnte, hast du noch nicht einmal Hilfe dabeigehabt.«

»Nein, ich war allein.«

»Talent«, sagte Tony. »Ein großes Talent. Und was nun, Alfie?«

»Und nun hat die Organisation mich wieder, falls ihr mich noch wollt. Es war ein Fehler, auszusteigen.«

»Das war es ganz sicher«, sagte Solly.

»Halt den Mund, Solly«, sagte Tony. »Du kannst jederzeit wieder anfangen, Alfie. Wir wollen dich. Wir brauchen dich. Und was ist mit deinen Geigen?«

»Die mache ich nebenher. Vielleicht schaffe ich es auch so.«

»Du hast es also endlich kapiert. Habe ich dir dabei geholfen?«

»Teilweise. Aber am meisten hat mir dieser Emmrech geholfen.«

»Wie denn das?«

»Er hat mir klargemacht, daß ich Böses getan hatte, daß ich Fehler gemacht hatte. Er zeigte mir, daß ich mit einem schlechten Gewissen niemals gute Arbeit leisten würde. Und kein Wunder, daß ich ein schlechtes Gewissen hatte, da ich euch alle so im Stich gelassen hatte, ohne den Job zu Ende zu führen.«

»Und jetzt, Alfie?«

»Jetzt ist mein Gewissen so rein wie das eines Babys, Tony.«

Originaltitel: THE CRAFTSMAN. 11/69

Peter Schmidt

Mehnerts Fall

Ullstein Buch 10121

ein Ullstein Krimi

Wie auf einem Pulverfaß fühlt sich der DDR-Agent Iven, den der Ostberliner Geheimdienst in die Bundesrepublik eingeschleust hat: Jeden Augenblick kann seine Tarnung auffliegen und herauskommen, daß er gar nicht der kleine Ganove Karwel ist, dessen Platz er eingenommen hat. Und das wäre auch das Ende des von Ost-Berlin geplanten Komplotts. Iven soll nämlich durch eine geschickt gesteuerte Intrige Mehnert, den Vorsitzenden der Regierungspartei, zu Fall bringen. Denn dessen Vorstellungen über die Nachrüstung der NATO passen nicht ins östliche Konzept.
Doch bald läuft nichts mehr nach Plan. Mehrere mysteriöse Figuren tauchen auf. Und wenn Iven noch eine Chance haben will, dann muß er schleunigst die Antwort auf die lebenswichtige Frage finden: Welche Rolle hat er wirklich in diesem Spiel?

Der Erstlingsroman eines deutschen Autors, der auf Anhieb internationales Niveau erreicht.

Brian Freemantle

Strategie des Skorpions

Ullstein Buch 10111

ein Ullstein Krimi

Der Weltfrieden scheint in greifbare Nähe gerückt: Im Geheimen verhandeln Amerikaner und Russen über den Truppenabzug aus Europa, den schrittweisen Abbau aller Raketen und eine gegenseitige Inspektion der Verteidigungsanlagen.
Doch beide Seiten spielen mit falschen Karten und verfolgen nur eigene Interessen, eine Taktik, die geradewegs in die Katastrophe führt . . .

Brian Freemantle

Charlie Muffins Schachzug

Ullstein Buch 10088

ein Ullstein Krimi

Das Schiff hat zwanzig Millionen Dollar gekostet und soll zur schwimmenden Universität der Freiheit vor Hongkong werden – als ständige Herausforderung für das kommunistische China. Doch ein gewaltiger Brand zerstört das Schiff. Die Versicherung wäre bankrott, wenn sie zahlen müßte.
Da bittet einer der Direktoren seinen Freund, den ehemaligen Geheimagenten Charlie Muffin, den Fall zu untersuchen. Charlie fliegt nach Hongkong und gerät in einen Hexenkessel.

»Agentenpoker« (UB 10045), das erste Buch über Charlie Muffin, wurde erfolgreich mit David Hemmings verfilmt. Die FAZ schrieb über den Roman: »Freemantles ungewöhnlicher Thriller besticht gleichermaßen durch seinen Witz und seinen schnoddrigen Tonfall wie durch die Mißachtung aller in diesem Genre üblichen Tabus.«